# 아빠 구본형과 함께

일상에서 빛나는 나다움 발견하기

# 아빠 구본형과 함께
일상에서 빛나는 나다움 발견하기

글 구해언

**1판 1쇄 인쇄** 2018. 3. 30.
**1판 1쇄 발행** 2018. 4. 5.

**펴낸곳** 예 · 지 | **펴낸이** 김종욱
**표지 · 편집디자인** SS기획 | **제작 진행** 공간

**등록번호** 제1-2893호 | **등록일자** 2001. 7. 23.
**주소** 경기도 고양시 일산동구 호수로 662
**전화** 031-900-8061 | **팩스** 031-900-8062
**전자우편** yejibk@gmail.com | **트위터** @yejibooks

ⓒ GOO, HAEUN 2018
Published by Wisdom Publishing, Co.
Printed in Korea.

ISBN 979-11-87895-05-3 03040

**예 지** 의 책은 오늘보다 나은 내일을 위한 선택입니다.

혜연에게
잘다 잘다. 그 사이에
가을 한여에 겨강한 날씨는
얻아라.
                                아빠.

프롤로그


아빠가 2013년에 돌아가시고 4년 뒤 홍지동 집을 떠나게 되었다. 어쩔 수 없는 선택이었지만 집을 떠나며 아빠와의 기억도 사라질 것 같아 상실감이 컸다. 그저 슬퍼하는 대신, 나는 약간 다른 시도를 해 보기로 했다. 기억 속에서 슬픔을 걷어 내는 작업이었다. 아빠와 함께했던 날들이 얼마나 아름답고 빛났는지 돌아본다면, 이 상황을 씩씩하게 받아들일 수 있을 것 같았다.

이사 전, 나는 틈날 때마다 홍지동 집으로 가 물건들을 정리했다. 이 책은 그런 어느 날의 동선을 따라 구성되어 있다. 집에 가는 길을 찬찬히 되짚어가며 함께 생활했던 동네, 맛있게 식사했던 가게들을 하나씩 눈에 담았다. 집에 도착한 다음에는 대문을 열고 서른여섯 개의 계단을 올라가 정원을 둘러보았다. 집안 곳곳에서 나오는 여행 사진들을 보자 아빠와 함께 바라보던 풍경들이 기억났다. 내 방에는 아빠가 써 주신 카드와 편지들이 가득했다. 서재에는 아빠의 손때가 묻은 책들이 쌓여 있었다.

아빠가 내게 주셨던 애정과 격려, 함께여서 즐거웠던 시간들이 마음속에 떠올랐다. 나는 그제야 이 기억, 이 마음이 나와 한 몸이라는 것을 깨달았다. 아무리 상황이 바뀌어도 나에게서 이 추억들을 빼앗아 갈 수 없다. 아빠는 내가 살아 있는 한 결코 사라지지 않을 아름다운 기억을 내게 남겨 주셨다.

책을 내면서 '아빠'라는 호칭에 대해 고민이 많았다. 나이에 맞지 않게 어린아이가 말하는 것처럼 느껴졌기 때문이다. 그러나 '아버지'로는 담을 수 없는 친근함과 애정을 포기할 수 없어 '아빠 구본형과 함께…'라는 제목을 붙이게 되었다.

이 책은 개인적인 이야기다. 그럼에도 용기를 내어 출판하게 된 몇 가지 이유가 있다. 우선 인생에서 중요한 결정을 내려야 할 때마다 아빠와 함께 보냈던 시간을 통해 답을 찾을 수 있었다. 일과 관계, 존재에 대해 나와 비슷한 고민을 하고 있을 친구들에게 내가 아빠에게 구했던 조언이 도움이 될 거라 생각했다. 또한 아버지가 안 계시는 상실감을 변화의 원동력으로 바꾼 내 경험이 비슷한 경우에 있는 사람들에게 작은 위로가 되었으면 한다.

    올해는 아빠의 5주기다. 구본형을 기억하는 사람들에게 그리움을 어루만져 주는 책이 될 수 있길 바란다.

    마지막으로 도움과 격려를 아끼지 않았던 남편과 엄마, 언니에게 고마움을 전한다. 또한 글이 막힐 때마다 몇 시간이고 기꺼이 상담해 준 현연 언니, 첫 책의 출간을 자기 일처럼 기뻐해 주신 변화경영연구소 식구들, 데카상스 동기들에게도 깊은 감사를 전한다. 무엇보다 몹시 흐뭇하게 모든 과정을 보고 계실 아빠에게 이 책을 바친다.

2018년 봄, 도화동에서<br>
구해언

차례

**1 아빠의 산책**

광화문을 걸으며 · 14
편식하지 않는 삶 · 19
작은 쉼표 · 24
기묘한 아침 식사 · 28
아재들의 골목 · 31
기품 있는 호접란과 함께 · 35

**2 아빠의 정원**

아름다운 노각나무와의 만남 · 42
살구나무와 공헌력 · 47
목련, 다시 시작하는 마음가짐 · 50
장미, 멋진 울타리 · 54
철쭉, 이야기가 가진 힘 · 56
관음죽, 느리게 성장하는 법 · 61
층층나무, 이름의 비밀 · 65
으아리, 버텨라 꽃피우라 · 70
느티나무, 필요로 할 때 곁에 있기 · 74
능소화, 진실을 바라보는 눈 · 78

**3**
아빠의
여행

아빠와 산 · 86
지리산과 나 · 90
아빠와 별 · 95
아빠와 달 · 99
아빠와 바다 · 102
아빠와 구름 · 108

**4**
아빠의
편지

편지 1: "멋지시오, 해언양" · 118
편지 2: "당근이지" · 127
편지 3: "잠꾸러기들아 일어나라, 꼬꼬댁" · 138
편지 4: "카르페 디엠! 유식하지?" · 145
편지 5: "빛나는 조연도 좋아" · 152

**5** 아빠의 서재

저자 1. 레이첼 나오미 레멘 · 166
저자 2. 다산 정약용 · 172
저자 3. 이순신 · 178
저자 4. 라이너 마리아 릴케 · 183
저자 5. 조셉 캠벨 · 188
저자 6. 빅터 프랭클 · 197
저자 7. 니코스 카잔차키스 · 205
저자 8. 피터 드러커 · 211

# 1
## 아빠의 산책

## POST CARD

해연이 에게.

생일을 축하해. 아주 특별한 날이야.
함께 저녁을 먹고. 모두 네 생각들을 하고.
시간을 내어 선물을 사고. 더 웃었을 선가하고
어머들이 일찍 것 같기도 하고. 가까운 친척과
만나기도하고. 아주 맛있는 저녁야기를
먹기도 하지. 어머니께도 가족에게도
모두 특별한 날이야. 7월 16일은.

어느 아빠가 자기는 엄마나 사랑하고
있는지 알고있을까? 또 엄마가 얼마나
예뻐하는 지 알고 있을까? 얼마나? 얼마고.
쌀? 보리? 보리? 쌀?

다시한번 축하해. 세상에 '짠' 하고
나타난 날을.
                        엄마. 아빠가
                1998년 7월 16일

서울역에 있는 사업장에서 업무가 끝났다. 기분 좋은 피로가 몰려왔다. 집에 가기 전에 홍지동 집에 잠깐 들르기로 했다. 일주일 뒤에 엄마가 이사를 가신다.

버스를 타고, 차창에 머리를 기대고 익숙한 정거장들을 지나친다. 시청광장을 굽어보고, 일민 미술관을 지나 교보문고의 시간판을 확인한다.

그 밑에 있는 나무 여섯 그루 중 제자를 기다리던 아빠는 어느 나무 옆에 서 있었을까 점쳐 본다. 버스 기사아저씨는 솜씨좋게 차를 달래 산중턱에 있는 정류장까지 간다. 버스에서 내려 집으로 가는 오르막을 올라간다. 그러면 붉은 벽돌집이 나온다. 우리 집이다.

## 광화문을 걸으며

퇴근하고 약속이 없는 날은 매일 걸었다. 루트는 시청역 5번 출구에서 경복궁역, 혹은 청운동 주민센터까지였다. 보통은 시청과 일민 미술관, 교보문고, 중학동을 지나 광화문 앞으로 길을 건너가곤 했다.

때로는 서울 파이낸스 빌딩 지하 문구점에서 생일 카드를 사거나 교보문고에서 마음에 드는 책을 사기도 했다. 그런 날은 나에게 작은 선물을 사 주는 날이었다.

어떤 날은 집까지 걸어가고 싶었다. 먼 태양계처럼 보이는 종로 일대의 밤을 즐기고 싶어 청운공원까지 걸어 올라가 오래된 성벽 위에 한참을 있다 집으로 가곤 했다. 내가 살던 동네는 어디든 신비롭고 다채로웠다.

산책은 즐거운 일이다. 특히 퇴근길 산책은 나의 온전하고도 사적인 자유다. 나는 거리에서 이것저것 상상하며 논다. 약간의 걷기를 통한 신체의 활력이 정신의 활력으로 이어지고, 마음의 활력은 낮 시간 동안 있었던 사건들로부터 나를 멀어지게 한다. 조금 떨어져 여유로운 시선으로 나의 현재를 바라보게 만든다.

멀어지며 생긴 빈 공간에 공상과 망상과 상상이 채워진다. 이 자유에는 아무런 목적도 없다. 갑자기 찾아왔다 떠나는 자유로운 생각들을 누구에게 보고할 필요도 공유할 필요도 없다. 또한 인과관계가 없고 기이하지만, 어딘지 마음을 끄는 생각들이 펼쳐진다. 마치 구름이나 과자로 만든 마을처럼 어딘가 상상을 펼 수 있는 빈칸 같은 시간이다.

마치 도시를 거니는 바람이 된 듯 자유롭게 풀어놓은 나의 약간의 시간이 현재를 열린 시선으로 바라보는 시간으로 이어진다. 산책의 핵심은 이 살랑거리는 바람과도 같은 자유로움에 있다.

산책의 즐거움 그 두 번째는 천천히 걷는 골목 사이에서 보물 같은 곳을 발견하는 것이다. 시청광장 잔디밭에서 노을 지는 덕수궁을 바라보면, 돌담길 위로 솟은 높은 플라타너스에 석양이 부서지는 모습을 볼 수 있다. 서울

시의회 건물 뒤쪽의 성공회 교회도 있다. 아직 미혼이었을 때는 이런 멋진 건물은 종교를 떠나 결혼식을 하기에 아주 좋겠다고 생각한 적도 있다.

또한 미로처럼 얽혀 있는 적선동 골목들 사이에서 몰랐던 가게를 발견하는 재미도 쏠쏠하다. 가끔 경복궁 담이 내려다보이는 카페 창가에서 스칼렛 티를 마시고, 전통 가옥을 개조해 만든 작은 바에서 맥주도 한잔 한다. 또 개인 출판물을 파는 가게에서 누군가의 작은 일기장을 살 수도 있다. 그곳들은 모두 내 주변에 있었으나 미처 발견하지 못했던 곳, 조금은 사람들의 시선에서 벗어나 있어 찬찬히 여유를 가지고 관찰하지 않으면 찾을 수 없는 곳들이다.

이런 시간을 좋아하게 된 이유는 아빠였던 것 같다. 아빠에게도 산책은 즐거움으로 가득한 시간이었던 듯하다. 주말이면 아빠는 늘 밖으로 나갔고 나는 마치 약속이라도 한 듯이 꼭 따라나섰다. 집에 있을까 하다가도 엄마가 '아빠랑 같이 갔다 올래?'하고 물어보면 어느새 신발을 신고 있었다.

당시 여의도에 살던 우리는 집 앞에서 5호선을 타고 광화문역에서 내렸다. 긴 플랫폼을 끝까지 걸어가 높은 에스컬레이터와 계단을 올라가면 번쩍거리는 문과 함께 교보문고가 나왔다. 다른 곳도 많이 갔지만 대부분 광화문 교보문고에서 보냈다. 주말에 쏟아져 나온 사람들 틈에서 나는 거울로 된 천장으로 앞을 보며 아빠를 쫓아갔다.

우리는 마음에 드는 책을 하나씩 골라 사서 집으로 돌아왔다. 아빠는 그렇게 산 책들을 모두 소중히 읽으셨는데, 나는 그러지 못할 때가 많았다. 서점의 격려에 고취되어 아주 의욕적으로, 어렵거나 두꺼워 보이는 책을 샀다 읽던 중간에 포기하거나, 최신 베스트셀러를 샀다가 몇 번 읽고는 질려버리곤 했던 것이다.

한번은 안방에 있던 낡은 책상 서랍에서 젊은 아빠의 사진을 찾았다. 낯선 아빠의 얼굴. 우리 집에서 발견되지 않았다면 이 얼굴을 보고 아빠의 사진이라는 것을 알았을

까? 30대 초반인 지금의 나보다 몇 살 위인 것 같았다. 약간 처진 눈의 무표정한 얼굴에서 회사원의 일상, 처자식에 대한 의무, 또 미래에 대한 불안에 눌린 평범한 삶이 느껴졌다.

그때 불현듯 주말마다 산책을 나가던 아빠가 생각났다. 우리는 막상 산책을 나가서는 말을 많이 하지는 않았다. 아마 우리는 각자의 이유로 함께한 여유로움 그 자체가 좋았을 것이다. 반가운 주말, 생각을 자유로이 풀어놓는 시간, 좋아하는 책을 고르러 가는 길. 내가 직장인이 된 지금, 어쩌면 아빠도 그런 시간을 기다렸는지 모르겠다는 생각이 든다. 잠시 갖는 산책 시간이 아빠 마음속 울림에 귀 기울이는 시간이지 않았을까.

광화문 사거리 신호등을 기다리며 어린 딸과 젊은 아빠의 모습을 그려 본다. 그리고 내 삶에도 자유로운 변화가 찾아오는 날을 상상해 본다. 그날엔 분명 살랑거리는 바람이 내 머리를 어루만질 것이다.

# 편식하지 않는 삶

아빠의 단골집 중 광화문 세종문화회관 뒷골목에 순댓국 집이 있다. 붉은 간판에 흰 글씨로 '화목 순대국 전문'이 라고 쓰여 있는 이 식당은 얼마 전에 갔을 때는 주말 오후 여서 사람이 별로 없었다. 식사 메뉴는 단출하다. 순순대 탕, 순댓국, 내장탕 중에 한 가지를 고르고 사이즈를 정하 면 주문 완료다.

 늘 그랬던 것처럼 일반 순댓국으로 주문을 하고 가게 안을 둘러본다. 나무로 된 테이블과 검은 가죽을 댄 의자 가 다닥다닥 붙어 있다. 가림막 너머로 아주머니가 분주 하게 순댓국을 만들고 계신다.

 아빠와 한 번 와보고 맛있어서 몇 번이나 왔었다. 순댓 국을 먹자고 제안할 땐 손쉽게 이유를 붙일 수 있다. 아주 더운 날은 이열치열을 위해, 아주 추운 날은 몸을 덥히기 위해 찾아와 구석에서 한 그릇씩 먹고 갔다.

 나는 크게 가리는 음식이 없다. 음식마다 각각의 맛있

는 포인트가 있으므로 그것을 최대한 즐기면서 먹자는 것이 내 신조다. 그렇다 보니 어렸을 때는 먹지 않던 것들도 나이를 먹으면서 자연스레 먹게 되었다.

여러 가지 생각이 꼬리를 물고 이어지고 있을 때, 드디어 순댓국이 나왔다. 주방에서 내 몫의 순댓국이 나오는 시간은 몹시 설렌다. 정사각형의 은색 양은 쟁반 위의 뚝배기에서 빨간 순댓국이 부글부글 끓고 있다. 국물만 한 숟갈 떠서 천천히 입안에 흘려 넣는다. 순댓국은 영혼을 달래주는 힘이 있다. '오늘도 애썼다, 욕봤어' 하고 등을 도닥거려 주는 것 같다.

순댓국에 든 내장을 좋아하는 이유는, 이 한 그릇으로 돼지의 여러 부위를 모두 먹어 볼 수 있기 때문이다. 똑같은 돼지고기인데도 부위에 따라 맛도, 감촉도 다르다. 순댓국밥 한 그릇 속의 모든 재료들이 합쳐서 내는 시너지가 있는 모양이다.

식성과는 달리 독서에 있어서 나는 몹시 심한 편식파다. 주로 논픽션을 좋아하고, '꼭 읽어야 할 고전 100선'에 들어가 있을 법한 좀 오래된 책들을 좋아한다. 우디 앨런의 영화 '미드나잇 인 파리'의 주인공 길 펜더처럼 1920년 황금시대, 혹은 더 이전의 인물들을 상상하며 당시의 낭만을 동경하곤 한다.

동시대를 살고 있다는 것만으로 어쩐지 2000년대의 어느 작가든 그의 문제의식과 해법을 속속들이 알고 있는 것 같은 기분이 든다. 마치 트릭을 모두 알고 있는 마술사의 무대를 보는 듯하다. 사실은 전혀 그렇지 않은데도 말이다.

그런 마음 때문인지 아빠와의 기억을 되짚는 이 책을 쓰는 작업도 생각보다 시간이 오래 걸렸다. 다른 사람의 글을 읽을 때마다 꾸준히 반복된 '나의 시대는 시시하다,' '개인적 사견은 별 의미가 없다'고 여기는 시선이, 나의 기억, 경험에 대한 스스로의 평가 속에도 섞여 있었다. 독서의 편식이 기억의 편식으로 이어졌다. 그래서 이것을 글로 풀어 가는 데 큰 장애물이 되었다.

어떤 내용을 쓰겠다고 구상을 하고 실제 글쓰기에 착

수할 때마다 생각보다 글로 풀어 낼 수 있는 부분이 많지 않다는 것을 느끼곤 했다.

　그러나 글쓰기는 늘 내게 그동안 가지고 있던 편견과 개념을 깨뜨려 보라는 요구를 하곤 했다. 아니, 내 안에 그런 요구가 있었다. 내가 옳다고 생각하는 경계 밖의 나의 역사들이 기회를 얻을 때마다 뛰쳐나오겠다고 외치는 듯했다.

　아빠의 서재는 크게 좌우로 동·서양이 나뉘고, 그 안에서 신화, 역사, 철학, 문학 등으로 제 나름대로의 카테고리가 나뉘어져 있었다. 도서관처럼 섹션마다 안내판이 붙어 있진 않았지만, 모아 놓은 책들의 연결 고리를 좇다 보면 보이지 않는 영역이 나뉘어 있는 것을 눈치챌 수 있다.

　이 모든 책을 현대인의 변화경영과 연결 짓는 것이 아빠 작업의 중요한 골자 중 하나였다. 아빠의 메시지와 연결되는 책이라면 어떤 것이든 의미 있었다. 시대를 가리지 않고 번뜩이는 안목을 지닌 책들만 서재에 남아 있을 수 있었다. 특히 현대의 안목으로 재해석된 책은 아빠의 큰 즐거움이었다.

이 즐거운 깨달음이 작가의 원동력이라는 것을 느꼈는지, 아빠는 연구원 과정에 재미있는 놀이를 덧붙였다. 연구원 과정은 1년의 정규 커리큘럼이 있고, 그다음 1년 동안 자신만의 책을 쓰는 것이 골자다. 특히 커리큘럼에 따라 1주일에 한 권의 책을 읽고, 변화경영연구소(변경연) 특유의 독후감을 써야 한다.

이 서평 안에 '내가 저자라면' 동일한 주제와 질문, 방법으로 어떤 책을 썼을지에 대해 써 보는 항목이 있다. 작가의 눈으로 보는 독서는 조금 다르다. 살면서 생기는 많은 질문들에 대한 답을 구하는데, 한 가지 의견과 사고방식으로는 쉽게 답하기 어려운 경우가 많기 때문이다.

삶은 다양한 경험들로 구성되어 있다. 부분부분의 맛과 향을 인정하고, 자기 것으로 받아들인 사람의 인생은 그 전보다 좀 더 풍성하고 다채로울 것이다.

나는 아빠와 함께 왔던 순댓국 집에서 국밥 한 그릇

의 값을 치르고, 훈훈한 온기가 감도는 몸으로 가게를 나섰다. 집에 가는 길에 교보문고 소설 코너에서 최근에 나온 책을 몇 권 사야겠다.

## 작은 쉼표

아침에 일어났더니 감기 기운이 느껴졌다. 집에서 쉬는 날없이 주변 일에 나를 맞추다 보니 결국 탈이 났다. 회사에서도 바빴고, 친구들이랑 약속도 있었고, 지난 주말에는 이틀 연속 가족 모임이 있었다.

 회사에 전화해서 오늘은 출근을 못 하겠다고 연락하고 나자, 어제 퇴근하면서 미뤄 놓은 일이 생각난다. '미리 해 놓았으면 좋았을걸' 하는 아쉬움이 머리를 든다. 하지만, 오늘은 양해를 구해야 하는 날이다. 전화기를 내려놓고 저항할 새도 없이 잠에 빠져든다.

 출근길에 늘 연락하는 둘째 딸의 전화가 없자 엄마가

먼저 전화를 했다. 따로 살아도 결국 엄마에게는 아픈 것을 들키고 말았다. 두어 시간쯤 지났을까, 엄마가 복숭아를 사들고 오셨다. 가스레인지에 미리 끓여 온 된장국을 올려놓고 침실로 와 이마를 짚어 보시더니 밥 먹고 병원에 가자고 준비하라고 하신다. 다행히 내일부터 주말이다.

병원에서 주사를 맞고 약을 탔다. 밥도 먹고 약도 먹으니 힘든 것이 좀 가셨다. 살 만해졌는지 엄마와 수유리 추어탕 집에 가자고 의견이 모아졌다. 아빠와 엄마가 우연히 발견한 집인데, 뜨거운 추어탕을 먹고 나면 감기가 한결 가벼워지는 신기한 식당이다.

뜨거운 머리를 자동차 좌석에 기대고 수유리까지 간다. 홍지천 삼거리를 지나고, 세검정도 지나고, 예전에 할머니가 사시던 평창동 감나무골도 지난다. 구기터널을 나와 국민대를 지나 정릉쯤에서 좌회전을 한다. 좁은 2차선 도로를 쭉 따라가면 국립 4·19 묘지 직전에 시내버스 종점이 있고, 그 맞은편에 '기와집 추어탕' 가게가 있다. 비틀비틀 걸어 신발을 벗고 자리에 앉았다.

둘이서 추어탕 한 그릇만 시키고 하나는 포장 주문을 했다. 소박하고 정갈한 반찬 몇 가지와 윤기가 자르르한 공깃밥이 먼저 나오고, 오래지 않아 진한 추어탕이 뚝배기에 담겨 나왔다. 신기하게도 미꾸라지 냄새가 전혀 나지 않는 국이 부글부글 끓고 있다.

좌식 테이블마다 놓인 미에로화이바 병에 담긴 산초 가루를 반 순갈 정도 둘러 섞는다. 감기가 옮지 않게 공깃밥을 반 나누고, 엄마가 먼저 밥에 추어탕을 끼얹는다. 누가 뚝배기를 차지할지로 작은 실랑이가 벌어지지만 보통은 내가 진다. 아픈 사람이 뜨겁게 오래 먹으라는 엄마의 논리에 우물쭈물하다가 결국 내가 뚝배기를 받았다.

다소 걸쭉한 진한 국물을 한 숟갈 떠서 입에 넣었다. 오래 우러난 추어탕이 쫀쫀하게 감겨 온다. 뜨거운 국물이 식도를 지나가자 지금 내 처지가 눈에 들어왔다.

나는 어디서 쉬어야 할지, 어디서 끊어야 할지 모르고 이어지던 일정들 속에 서 있었다. 감기는 나와 그 외의 것들 사이의 밸런스가 무너졌다는 신호다. 좋은 글을 쓰려면 우선 문장의 길이를 적절하게 유지해야 한다는 것을 알면서도 마침표 찍는 것을 종종 잊곤 한다. 수유리에서 그동안의 무리함을 돌아보게 된다.

아빠는 강의와 원고 청탁이 많이 들어와도 일주일에 3~4일은 집에 계셨다. 일이 꽤 밀리는 주도 있었지만 강도를 살짝 낮게 잡아야 글이 잘 써진다는 것을 알고 계셨던 것 같다.

실제로 글은 자신의 마음 상태나 기질을 반영하곤 한다. 조급하게 쓴 글은 어쩐지 다 써 놓고도 '더 잘 쓸 수 있었을 것 같은데…'라는 묘한 부족함이 남는다. 그렇다고 너무 좋은 글을 써야겠다고 생각하면 진도는 나가지 않고 시간만 까먹는다. 글을 쓰는 대부분의 시간은 잘 쓰고 싶은 마음과 글감, 메시지 사이의 오솔길을 만드는 데 사용한다. 어쨌든 사람마다 자신의 페이스가 다르기 때문에 일주일에 해낼 수 있는 업무량은 다를 것이다. 아빠도 본인에게 맞는 속도를 찾으셨다고 생각한다.

회사에 매여 있는 직장인으로 일주일에 3~4일만 일하는 것은 언감생심이지만, 그래도 최소한 내가 준비가 되어 있지 않은데 이리저리 휘둘리지는 말아야겠다. 좀 더 차분히 생각하고 준비하는 시간을 가능한 한 많이 확보하기 위해 노력하기로 했다. To-do 리스트를 다시 만들고, 중요한 일을 중심으로 일하며 작은 여유를 찾아야겠다.

포장된 추어탕을 무릎에 올려놓고 돌아가는 길에 다시 한번 감기가 찾아오는 시기를 늦춰 보겠다고 다짐했다.

## 기묘한 아침 식사

내가 고등학생 때였던 것 같다. 엄마가 친구분들과 장기간 여행을 떠나셨다. 언니는 병원에서 수련하느라 집에 거의 없었고, 아빠와 나 둘이서 끼니를 어떻게든 해결해야 하는 2주일이었다. 맛있는 요리를 금세 해내시는 엄마 덕분에 나도, 아빠도 요리라고는 할 줄 아는 게 별로 없었다. 우리는 어떻게든 외식을 해서 평일에는 엄마의 부재가 그다지 불편하다는 생각을 하지 않았다.

그렇게 첫 번째로 맞이한 일요일 아침, 느지막이 일어나 서재로 갔더니 아빠가 밖에 나가서 밥을 먹자고 하셨다. 말없이 따라나섰더니 도착한 곳은 효자동에 있는 '토속촌 삼계탕'집이었다. 나는 좀 얼떨떨해서 시계를 보았다. 아침 10시가 조금 지나 있었다.

원래 이 집은 최소한 30분 정도는 줄을 서서 기다려야 먹을 수 있는 곳이다. 우리 가족도 종종 와서 포장만 해가고 앉아서 먹은 적은 손에 꼽을 정도였다.

그러나 지금은 가게 문 앞에 아무도 없었다. 머쓱해서 아빠 뒤에 숨어서 따라 들어갔다. 평소 북적거리던 넓은 개조 한옥 식당이 썰렁했다.

우리는 몇 테이블을 채우고 있는 사람들 옆자리로 안내받았다. 삼계탕을 주문하고, 자리에 앉자 직원이 수저와 소금, 깍두기를 담는 접시, 인삼주를 가져다 주었다. 멍하니 있는데 귀에 낯선 언어가 들렸다. 우리 주변에 앉은 사람들을 잘 보니 일본 관광객들이었다. 한국인은 아빠와 나뿐이었다. 하긴 어지간히 삼계탕을 좋아하지 않는 한 아침부터 먹으러 오는 사람은 흔치 않을 것이다. 관광객들과 우리는 서로 흘깃흘깃 보았다.

이윽고 삼계탕이 나왔다. 섬처럼 봉긋 솟아 있고 뽀얀 국물이 주변을 채우고 있다. 숟가락으로 국물을 약간 묻혀서 입 속으로 가져간다. 어지간히 먹으면 뚝배기를 비스듬히 기울여 마지막 국물까지 다 먹는데, 아침이라 평소처럼 먹지 못하고 숟가락을 그냥 내려놓았다.

기묘한 분위기의 모닝 삼계탕을 먹고 집에 가는 길, 차에 타자마자 아빠도 나도 꾹꾹 참았던 웃음을 터트렸다. 우린 마음껏 웃었다. 엄마가 보고 싶은 마음과 방금 있었던 상황이 너무 웃긴 마음이 둘 다 있었다.

지금 와서 생각해 보면 새벽에 일어나서 작업하시는 아빠가 배고픈 것을 참아가며 내가 일어나길 기다리셨던 게 아닐까 생각한다. 일을 하며 간신히 배고픔을 참고 있었는데, 내가 너무 늦게 일어나는 바람에 빨리 든든한 것을 드시고 싶었던 것이 아닌가 하는 생각이 든다.

재미라는 것은 예상치 못한 반전에서 나오는 것 같다. '브로콜리 너마저'의 노래 가사처럼 '좋아하는 아가씨가 사실은 쌍화차를 좋아'할 수 있겠다는 상상도, 전통과 서구의 콜라보 결혼식을 위해 웨딩드레스에서 장구를 꺼내 치겠다는 친구의 농담 섞인 결혼식 계획도 아침 10시의 삼계탕 브런치처럼 일상의 영역을 슬쩍 비껴가 '푸하하하' 하고 웃음을 터트린다.

복날이 되면 삼계탕을 먹는 부녀의 모습이 생각난다.

## 아재들의 골목

내가 여섯 살 무렵 우리 가족은 매운 낙지볶음에 빠져 있었다. 특히 엄마가 낙지를 좋아하셔서, 광화문 교보문고 뒤쪽 무교동 낙지 골목에 자주 가곤 했다.

유리가 끼워진 나무 미닫이문을 드르륵 열고 들어가면,

소주 한 병을 놓고 낙지를 먹는 사람들이 많았다. 어린아이는 나밖에 없었다. 사람들이 드나들어 반질거리는 나무 의자와 테이블이 하얀 형광등 불빛 밑에서 번들거렸다.

기본 세트인 조개탕과 낙지볶음을 주문하면 단무지와 콩나물 등의 반찬이 나왔다. 모두 매운맛을 중화시켜 줄 것들이었다. 금세 뜨거운 조개탕과 낙지볶음이 나왔다. 어린 나는 작은 그릇에 물을 따라 매운 낙지를 씻어 먹었는데 그래도 강렬한 매운맛이 느껴졌다. 두 분은 맛있게 드셨다. 가끔 술도 한잔하셨던 것 같다.

아빠는 피맛골을 좋아하셨다. 그곳에는 저렴한 가격에 먹을 수 있는 조그만 술집이 늘어서 있었다. 가난했지만 술을 마시고 싶던 학생 시절, 든든하게 속을 채워 주던 싸고 양 많은 술안주를 파는 가게들을 찾아다니셨다 했다. 이런 가게에 가면 그때의 감성이 되살아나셔서 즐거워하셨던 것 같았다.

좁은 골목을 따라 걸어가면 고등어 굽는 냄새가 났다. 어린 나는 갈 때마다 '아재들의 골목'만이 갖는 흥겨운 시간이 기다리고 있는 것 같아서 조금 들뜨곤 했다.

 그러나 2012년 재개발 허가가 나면서 피맛골에 있던 가게들이 사라졌다. 지금은 그 자리에 D 타워, 르메이에르 빌딩 혹은 그랑서울이라는 건물들이 들어섰다. 새로 지은 고층 건물들은 나름 예전 피맛골이 있던 자리를 고려해 좁은 골목을 만들어 두었다. 깔끔하고 산뜻한 맛에 새 가게에 가는 것도 즐거운 일이지만, 젠트리피케이션이 찾아오기 전, 아주 오래된 추억을 다시 꺼내 볼 수 있는 그 거리, 그 냄새, 그 풍경이 그리울 때가 있다. 누추하지만 아늑한 곳. 분위기와 장소, 문화는 쉽게 조성되는 것이 아니며, 쉽게 깨질 수 있다는 것을 깨닫게 했다.

 아빠는 산책을 하면서 이런 많은 문화의 맥락과 분위기를 즐기셨던 듯하다. 지금의 나라면 들어가지 않을 것 같은 곳에 나를 자주 데리고 가셨다.

 시장통 좁은 다찌가 놓인 국숫집에서 우뭇가사리를 넣은 콩국수를 한 그릇 사 주시기도 하고, 시장에 진열된 잡

다한 물건들을 천천히 구경하기도 하고, 차를 타고 갈 수 있는 곳도 일부러 걸어서 갔던 기억이 있다. 또 주말 오전 시간에 TV 앞에 계실 때면 '전국노래자랑'을 잠시라도 보시곤 하셨다.

   아빠의 자유로운 산책에 혹시 어떤 목적이 있다면 그것은 '내용은 달라도 맥락이 있는 삶'을 찾아다니신 것이었다고 추측한다. 그리고 당신의 삶 속에서 이야기를, 맥락을 짚어 내기 위한 탐색을 계속하셨던 것이 아닐까. 지금의 내가 나만의 방향성을 찾기 위해 노력하는 것처럼, 그때 직장인이던 아빠도 어떤 답답함을 느끼셨을 거라는 생각이 든다. 그 안에서 아빠는 '변화'라는 단어를 끄집어 냈는지도 모르겠다.

   그래서 아빠의 산책 시간 대부분이 나와 함께였다는 점에서 나도 산책을 하며 조금은 마음을 다독이며 지내게 되었는지도 모르겠다. 오래전 사라져 버린 거리 위에서 시계를 되돌려본다.

# 기품 있는 호접란과 함께

1년에 두 번, 엄마의 생신과 결혼기념일이면 아빠는 엄마에게 호접란을 선물했다.

아빠와 나는 차를 타고 양재 꽃시장으로 갔다. 토요일 오전, 꽃시장은 늘 한산했다. 아빠가 이미 몇 번 들른 단골 꽃집이 있었다. 주차를 하고, 아빠 특유의 설렁설렁한 느린 걸음으로, 입구에서 한참 복잡하고 좁은 길을 따라 그 가게로 간다. 주인으로부터 오늘 새벽에 들어온 몇 개의 호접란 화분을 추천 받고, 그 중에 빛깔이 고운 것을 골라 차에 싣고 돌아오는 것이 우리의 목표다. 꽃을 고르는 기준은, 꽃이 싱싱하고 약간 덜 피었으며, 꽃대가 여럿 있는 녀석을 찾는다.

집에 도착한 뒤, 호접란 화분을 부엌의 볕 좋은 자리에 놓는다. 엄마의 생일인 2월 중순, 가을이 본격적으로 찾아오는 시월을 우리 가족은 늘 화려한 색상의 기품 있는 호접란과 함께했다.

아빠는 리본에 적을 문구를 정하고, 매년 재치 있는 짤막한 문구를 리본에 써서 달아 오셨는데, 읽을 때마다 기분이 즐거워져 모두 좋아했다. 멀리 떨어진 꽃시장에 다녀오는 수고를 아끼지 않으셨던 아빠는 그런 모든 과정을 매우 소중히 생각하셨고, 즐거운 마음으로 기꺼이 수행하셨다.

내가 중학생 무렵, 아빠는 회사를 그만두고 집에 계셨다. 학교를 마치고 집에 돌아오면 아빠는 케이크를 접시에 담아 간식으로 주셨다. 주말에 함께 나갔을 때 발견했던 베이커리의 케이크였다. 일부러 멀리까지 가서 사오신 그 케이크를 먹으며 나는 녹록지 않았던 중학생 시절을 어찌어찌 견뎌 냈다.

아빠가 돌아가신 후 나는 변화경영연구소 연구원에 도전했다. 우리는 매달 테마를 정해서 일주일에 한 권씩 필독서를 읽고 글을 썼다. 그중 5월은 신화의 달이었다. 이달의 과제는 오비디우스의 변신 이야기 중 가장 마음에 드는 신화를 골라 스토리를 잘 정리하고, 왜 특별히 그 이야기를 좋아하는지 해석 후 그 신화의 골격을 따라, 자신을 주인공으로 하는 '나의 신화'를 창작하는 것이었다.

나는 처음에는 어쩐지 유명한 영웅의 신화를 가지고 만들어야 할 것 같았다가 막판에 다른 신화로 바꿨다. 그것은 필레몬과 바우키스라는 노부부의 이야기였다. 지친 나그네 둘이 찾아간 한 마을에서, 그들은 쉴 곳을 찾을 수 없었다. 아무도 낯선 사람에게 문을 열어 주지 않았다. 그때 필레몬과 바우키스 부부가 그들을 집 안으로 맞아들여 정성껏 대접했다. 알고 보니 이 두 나그네가 제우스와 헤르메스였고, 신들은 자신들을 소중히 생각해 준 노부부만 살려주고 마을을 호수로 바꿔 버렸다. 노부부는 호수 옆 신전을 지키는 신전지기로 살다가 생의 마지막 날, 함께 나무로 변한다는 이야기이다.

나는 아빠와 함께 호접란을 사러 가던 길에서, 화분을 뒷자리에 싣고 돌아오던 길에서 필레몬과 바우키스를 발견했던 것 같다. 올해도 엄마 생신날 기품 있는 호접란이 엄마 곁에 있으면 마음이 뿌듯할 것 같다.

# 2

## 아빠의 정원

언제나 아빠를 사랑하여 주는
혜영에게.

　이 책 속에 가득 담긴 나무들의
이야기를 내게 선물한 터이니 잘
읽고 사람들에게 이야기 해 주렴.

　　　　1995년 8월
　　　　　　아빠가.

참, 그리고 이야기 속의 나무들이 어떻게
생겼는지 점검하여, '우리 나무 백가지'에
나무들 사진을 보거라.

대문 열쇠밖에 없어서 현관 앞에서 엄마를 기다렸다. 인왕산과 삼각산, 보현봉이 삼면을 채운다. 아래로 보이는 홍지천 삼거리에 작게 보이는 차들이 어디론가 열심히 가고 있다. 작은 새가 정원 울타리에 앉아 있다. 현관 뒤의 능소화나무는 꽃을 품고 있다. 작은 개미가 계단을 기어다니고 날벌레들이 하늘에 가득이다. 이곳은 늘 고요하고 분주하다.

 아빠는 정원을 사랑하셨다. 매일 물을 주고, 계절에 맞게 꽃을 심으셨다. 꽃 한 송이 나무 한 그루 어디에도 아빠가 신경쓰지 않은 것이 없었다.

# 아름다운 노각나무와의 만남

아빠와 엄마는 함께 다니시는 일이 많았다. 운전을 좋아하시는 엄마가 아빠를 강의장까지 모셔다 드리곤 하셨다. 가는 길에 예쁜 길과 풍경을 함께 바라보고, 맛있는 것도 드셨다고 했다. 아빠는 이것을 '강연 여행'이라고 불렀다.

    그렇게 여행을 다니던 중 재미있는 일화가 생겼다. 엄마와 동창 열 분이 유럽여행을 가시는데 인원수가 한 명 부족했다. 엄마는 아빠에게 같이 갈 건지 물어보셨다. 아빠는 너그럽고 여행을 좋아하고 성격이 무던하셨고, 평소 시간을 잘 지켜 좋은 여행 메이트였다. 엄마의 가벼운 제안에 아빠는 그 패키지 여행을 따라가셨다. 그리고 엄청난 인기를 몰고 돌아오셨다.

    일행 중 한 분이 여행에서 찍은 사진들을 인화해 앨범을 만들어 주셨다. 그중에 어느 오래된 유럽식 가옥 앞 벤치에 앉아있는 아빠를 찍은 사진이 있었다. 그 집 현관 옆에는 하얀 벽이 있었는데, 거기에 커다란 나무가 있고, 그 아래 있는 벤치였다. 아빠는 그런 나무가 마음에 든다고 하셨다. 그러면서 우리 집 현관 앞에도 나무를 한 그루 심는 게 좋겠다고 하셨다. 사진으로 보았을 때는 어떤 좋은 점이 있는지 잘 와 닿지 않았다.

그러던 어느 봄날, 학교에 갔다 왔더니 정말 현관 앞에 3미터 정도 되는 나무가 심어져 있었다. 연한 갈색 껍질이 벗겨져 있어 잡아뜯으니 어두운 색깔의 목피가 나왔다. 쓰다듬어 보면 표면이 매끄러웠다. 유화풍으로 그린 나무 같아서 고유한 정취가 느껴졌다. 이파리도 모나지 않은 타원형에 자금자금한 톱니가 작게 있는 것이 귀여웠다. 아빠에게 이름을 물으니 '노각나무'라고 했다. 처음 보는 나무였다.

나무는 새로운 환경에 조용히 적응하는 듯싶더니, 이듬해 6월 말이 되어 여름이 다가오자 꽃을 피웠다. 꽃은 눈부시게 아름다웠다. 마치 베틀로 짠 비단으로 만든 꽃잎 같았다. 꽃을 들여다보면 명주실로 만든 듯한 보드라운 결이 보이고, 가장자리에 주름이 있는 다섯 장의 꽃잎을 쓰다듬으면 사르르 매끄럽게 손가락에 감겼다. 가운데 암술과 수술은 노란색이었다. 고고하고 아름다운 꽃. 나는 이 아름다운 나무를 마음에 심었다.

사실 자갈이 깔린 현관 앞은 나무가 없는 채로도 괜찮았다. 아빠는 계절마다 봉선화며 국화를 가장자리 화단에 심었고, 반대쪽 가장자리에는 으아리와 수국을 심었다. 그런데 아빠는 새로 적용한 나무의 아름다움에서 집을 꾸밀 수 있는 가능성을 보고, 그것을 우리 집 정원에 적용해 보았다.

가파른 언덕을 올라 대문부터 서른여섯 개의 계단을 올라가면 숨이 찬다. 거기에 돌 연못이 놓여있고, 고즈넉한 작은 그늘을 드리우고 있는 곧고 아름다운 나무의 모습은 그곳에서 잠시 쉴 수 있는 여지를 준다.

주위를 둘러보면 인왕산이 있고, 멀리 삼각산도 보인다. 또 등 뒤를 돌아보면 보현봉이 멀리 올려다보인다. 하늘의 구름, 제 일에 골똘한 새와 곤충도 눈에 들어온다. 그러면 그동안 걸어 올라온 언덕길이 고되기만 한 것은 아니었다는 것을 알게 된다. 노각나무는 낭만적 이정표처럼 그 자리에 서 있다.

  이 노각나무처럼, 아빠와 지내다 보면 함께 보고 듣고 느낀 것들이 아빠 안에서는 무언가 새로운 것으로 재생산되는 것 같다는 생각이 들 때가 많았다. 아빠는 상상력을 어떻게 사용하는지 알고 계셨던 것 같다. 그 비법은 현실에 발을 디딘 채 상상을 불러들이는 것이다. 자신이 하고 싶었던 것들, 하면 참 좋겠다고 생각한 것들을 모은다. 또 마음에 들었던 발상 한 조각을 간직한다. 그리고 현실과 연결될 수 있는 고리를 찾는 것이다.

  아빠는 생각에 잠겨 있는 때가 많았다. 내가 아빠를 필요로 하면 나와 대화해 주시겠지만, 어쩐지 그러고 싶은 기분이 들지 않았다. 함께 있어도 대화가 오래 끊겨 있다거나 하면 어딘가 다른 세계에 계시는 것 같았다. 그걸 알기에 긴 침묵도 어색하지 않았다. 아마 이 비어 있는 시간에 아빠는 계속 이런저런 것들 사이를 바느질하고 있으셨던 것이 아닐까. 아빠의 멋진 아이디어들은 어느 순간 갑자기 튀어나온 것 같지만, 사실은 매우 오랫동안 그것에 대해 연구하고 계셨던 것이 아닌가 생각했다.

기획부서에 입사했을 때 나에게도 그런 능력이 요구되었다. 그러나 만족할 만한 결과물이 나올 때까지는 상당히 오랜 시간이 걸렸다. 누구나 납득할 수 있는 결과물을 만들어 내는 것은 결코 쉬운 일이 아니다. 다른 이의 결과물을 보았을 때 '아, 나도 만들 수 있겠다'는 생각이 들더라도, 실제로 해보면 그 과정은 몹시 고달프다.

기획서를 쓰며 야근할 때 나는 초여름, 점점 길어지는 햇볕을 쬐는 노각나무를 떠올렸다. 그리고 그 밑에 철제 벤치를 가져다 놓고 바람에 잎사귀를 살랑거리는 우아하고 사랑스러운 나무를 그려봤다. 고운 꽃과 매끈한 줄기의 감촉을 떠올렸다. 그리고 그것을 심은 아빠의 마음을 상상해봤다. 그러면 조금 더 지금 하는 일의 의미가 새롭게 와닿았다.

# 살구나무와 공헌력

살구나무는 우리 집 담벼락 밖에 있다. 나무가 워낙 크다 보니 담 위로 넘어온 가지가 절반이다. 현관까지 이어지는 계단을 모두 올라오면 그 밑이 바로 살구나무 아래다. 봄에는 다섯 꽃잎의 살구꽃이 피고 향기도 좋다. 가끔 새들이 날아와 앉으면 그대로 고즈넉한 봄 풍경이 된다. 막 피어나기 시작하는 4월의 정원을 가꾸던 아빠는, 봄볕에 흐르는 땀을 살구나무 꽃그늘 아래에서 식혔다.

5월이 되면 살구나무에 살구가 잔뜩 열렸다. 살구가 흉작이었던 적은 한 번도 없다. 오히려 늘 먹는 양보다 잔뜩 열려서 어디에 주어야 할지 고민해야 했다. 오성과 한음 이야기에 나오는 감나무처럼 감이 적었으면 살구 소유권에 대한 분쟁이 일어날 법도 했지만, 한번도 누군가가 살구 무단 점거를 따지기 위해 우리 집에 찾아온 적은 없었다.

살구나무와 관련된 옛날이야기들을 찾아보면 이 나무

자체가 워낙 열매가 많이 열려 굶주림을 면하게 해주었다는 식의 이야기가 많다. 우리 집 옆 살구나무만 인심이 좋은 게 아닌 모양이다.

집에 있는 소쿠리를 전부 꺼내 살구를 씻어 말린 후, 비닐봉지에 조금씩 나누어 냉동실에 일단 보관한다. 몇 년을 남겨 버리다가 한번은 이모에게 드렸더니 씨를 빼고 설탕을 듬뿍 넣어 잼을 만들어 주셨다. 이것을 오븐에 구운 식빵에 버터와 함께 올려 먹으면 전문 브런치 가게 부럽지 않은 멋진 아침 식사가 되었다.

엄마는 쌈장을 만들 때도 살구잼을 넣으셨다. 가끔 마트에서 요거트를 사오시면, 거기에 작은 티스푼 하나 정도의 잼을 얹어 주시기도 하셨다. 살구는 잼이 되어도 인심이 넉넉해서 언니네 집과 우리 집에도 전달되곤 했다.

다른 사람에게 대가 없이 나누어 주는 것으로는 우리 외할머니가 나눔의 대명사라고 할 수 있다. 외할머니는 부지런하고 재주가 많으시다. 집 뒤에 밭을 개간해 야채를 기르셨는데, 여름의 아삭이 고추가 정말 맛있었다. 한 가득씩 따 주시면 흐르는 물에 한두 번 씻어 바로 먹곤 했다. 정성을 받고 자란 고추는 아주 건강하고 신선했다.

또 초콜릿을 잔뜩 사 두셨다가 교회 사람들에게 나누어 주셨다. 교회에서는 '초콜릿 할머니'로 유명하셨던 모양이다. 외할머니의 교회 가방이 꽤 무거워 일요일 아침이면 엄마와 함께 외할머니를 교회까지 모셔다 드리곤 했다.

다른 사람에게 준다는 행위를 하면 왜 주는 사람까지 기분이 좋아질까? 회사에도 여러 유형의 사람이 있다. 특히 인기가 많은 사람은 경험을 통해 자신이 알게 된 것을 다른 사람에게 잘 알려 주는 사람이다. 사수와 부하관계여도 경험이나 관심이 없어 전혀 도움을 주지 않는 사람은 결국 그저 스쳐 지나가는 사람이 되곤 한다. 나를 도우려는 힘에 대해서는 우호적이게 된다. 누군가에게 좋은 영향력을 끼칠 수 있다는 즐거움은 그 힘이 무척 세다.

아빠는 이 선한 영향력을 '공헌력'이라고 말했다. 경쟁자를 이기기 위한 무기가 아닌, 자신의 강점으로 고객을 도와줄 수 있는 차별적인 공헌력을 연마해야 한다는 것이다. 살구의 신맛을 떠올리며, 나의 공헌력은 무엇일지, 그것을 어떻게 갈고 닦을지 생각해 본다.

## 목련, 다시 시작하는 마음가짐

목련은 아름답다. 이 아름다움은 계절마다 자기에게 주어진 역할을 충실히 수행하는 데에서 나온다. 초봄에는 가장 먼저 봄을 알리는 전령사이고, 여름에는 빳빳한 서양배 모양의 이파리를 가득 돋아 내며 계절감을 보여준다. 나는 목련 이파리 모양이 마음에 든다. 독특하고, 시원시원하게 생겼다. 고동색 나무줄기와 잘 어울린다. 이 시원한 목련 그늘이 좋아 나의 작은 방 한 면을 목련 잎 무늬로 장식했다.

찌는 듯한 여름과 긴 추석 연휴를 보내고 마음을 가다듬으면 11월이 된다. 이때부터 이른 봄에 겨울이 끝났음을 선포해 주는 목련의 준비가 시작된다. 목련은 추위의 맹공을 대비해 솜털로 뒤덮인 단단한 잎눈, 꽃눈 껍질을 마련한다. 아주 작고 연약해 보이는 이 껍질이 목련의 동면을 돕는다.

우리 집에도 목련이 한 그루 있었다. 새해가 되고 기온이 영하 10도를 기록할 때면 목련 꽃눈의 껍질을 올려다보며 봄을 기다렸다. 특히 산 밑에 있는 우리 집은 개화 시기가 도심보다 더뎌 봄을 애타게 기다리곤 했다.

오지 않을 것 같았던 봄은 기어이 오고 꽃눈은 잠자코 기다리다가 때가 되면 두 쪽으로 쪼개져 하얀 꽃을 끄집어냈다. 매끈한 꽃잎들은 찻잔처럼 부풀어 오르고, 몇 주 동안 점점 더 벌어졌다.

한번은 아빠에게 '꽃봉오리가 터질 때 나무가 아프지 않을까?' 물어본 적이 있다. 아빠는 '아니, 오히려 엄청 시원할 거야'라고 대답해주셨다. 나무의 마음을 알 길 없으나 꽃이 필 때마다 '아, 시원하다!'라고 꽃들이 튀어나오는 모습을 상상하면 웃음이 삐져나온다. 조급해하지 않고 제가 나와야 할 때를 아는 자연스러움이 개화의 맛이라면, 꽃을 피워 내는 것은 마치 커다란 기지개를 하듯 나무에게도 즐거운 일일 것이다.

정원에 있는 목련은 해마다 차이가 있기는 했지만, 곧잘 꽃을 피워 올렸다. 단단한 가지에 올라가 봄을 만끽하고, 그 꽃그늘에서 일요일 브런치를 즐기기도 했다. 옅은 미색의 꽃 빛깔처럼 가냘픈 봄의 기척 속에서 목련은 새로운 계절의 시작을 알렸다.

언덕 아래 빌라 앞에도 자목련이 있어 그맘때 우리 동네는 목련으로 빛났다. 바람은 아직 매서워도 아름다운 꽃들이 마음을 녹여주었다.

목련이 지나면 개나리와 진달래가 온 산을 뒤덮었다. 내부순환도로를 타러 홍제동으로 가는 굽이굽이를 노란색 꽃 안개가 보드랍게 산의 능선을 덮는다. 진달래는 점점이

분홍색 파문처럼 피어 있다. 본격적인 봄의 시작이다.

　직장에서 7년을 채우면서, 여러 상황 속의 나를 만나게 되었다. 기획부서에서 일하는 나는, 주도해야 할 프로젝트가 있고 없고에 따라 업무 강도가 크게 차이가 났다.

　프로젝트가 진행되기로 결정이 나면, 그것을 해내기 위한 세부 기획과 구현성에 대한 토론과 협의, 판매 제안을 진행해야 했다. 업무량이 몹시 많았고, 기획서의 빈틈을 노리는 공격에 대비해야 했다.

　반면 프로젝트가 없을 때는 불안했다. 다시 프로젝트를 따지 못한다면 올해 고과가 걱정되기도 하고, 동료들과의 업무 대화에 끼지 못해 소외감을 느끼기도 했다. 이상한 일이다. 일이 많을 때는 몸이 힘들고, 일이 적을 때는 마음이 힘들다.

　목련 꽃눈을 떠올리면, 때로는 하루하루 기다리는 것도 괜찮다는 생각을 한다. 아무도 나를 찾지 않고, 누구도 나의 도움을 필요로 하지 않는 상황에서 내가 해야 할 일은 조용히 때를 기다리는 것이다. 봄이 오면 꽃을 피우고, 여름에는 빳빳한 잎을 늘리고, 가을에 열매를 맺더라도, 겨울은 조용히 준비하며 보내는 것이 목련 나무의 일생이다.

지겹고 긴 시간일 것 같지만, 한 가지 약속이라면 다음 봄은 반드시 찾아온다는 것이다. 겨울은 이 기다림에 조급해하지 않으면서 스스로를 단련시키는 시간이다. 그것 또한 중요한 작업이라고 생각한다.


## 장미, 멋진 울타리

정원 계단을 올라가는 중간에 화원 입구처럼 둥근 아치형 철제 울타리가 있었다. 아빠는 그곳에 장미를 심었다. 장미는 잘 자라서 5월이 되면 붉은 꽃을 가득 피웠다.

처음 홍지동 집에 이사갔을 때는 계단 중간에 둥그렇게 둘러쳐진 아치는 앙상했고, 장미는 그 밑동밖에 미치지 못했다. 아빠는 묘목을 심어 울타리를 촘촘히 덮었다.

장미 묘목을 넉넉히 사서 선명한 분홍색의 들장미를 정원 가장자리에 잔뜩 심었다. 그 장미 울타리는 담벼락을 타고 차고 위까지 이어져 여름이면 차고 지붕이 장미꽃으로 뒤덮였다.

  아빠는 1인 기업을 경영하셨다. 많은 사람이 '평생 직장' 없이 살아야 하는 세상이 되었을 때, 자신이 스스로를 고용하기로 마음먹었다고 하셨다. 그리고 '어제보다 아름다워지려는 사람들을 돕는다'고 모토를 만드셨다. '아름다운 사람'의 정의는 자신만의 차별화된 강점으로 다른 사람에게 자신을 공헌할 수 있는 사람이라고 생각한다. 스스로를 찾아 세우고, 자신의 강점을 단단히 벼려 다른 사람을 도와준다. 그렇게 많은 사람들의 마음속에 따뜻한 장면을 안겨준다면, 그 인생은 아름다웠다고 말할 수 있을 것이다. 나는 그것을 아빠에게서 배웠다. 사람을 변화시키는 영향력, 그것은 기적과도 같아 보인다.

  장미꽃이 핀 곳은 더 이상 담이 아니었다. 그것은 자신으로의 초대였고, 환영의 인사였다. 어쩌면 아름다움의 표본과도 같은 장미를 늘 곁에 두고 생각과 행동에 아름다움이 깃들 수 있도록 한 건 아니었을까. 그저 꽃이 좋아서 하셨더라도 마음속에는 그런 생각이 있으셨을 것만 같다.


## 철쭉, 이야기가 가진 힘

철쭉은 진하고 아름답다. 봄을 여는 꽃의 여왕은 벚꽃이지만, 실제로 봄의 한가운데에서 이 계절을 지배하는 꽃은 철쭉이다. 야생에서는 보통 손이 닿지 않는 곳에서 자라지만 우리 집 정원에도 철쭉이 있었다. 진분홍색 한 그루, 하얀색 한 그루다. 부모님은 철쭉꽃이 피면 정원에서 더 오래 시간을 보내셨다.

  특히 철쭉은 꽃의 특징에 얽힌 이야기 때문에 더욱 강렬하게 남는 꽃이다. 첫 번째는 철쭉이 얼마나 아름다운지를 잘 보여주는 이야기로 신라시대 수로 부인과 관련된 내용이다. 순정공의 아내였던 수로 부인은 남편의 부임지인 강릉으로 가던 중 높은 절벽 위에 핀 철쭉꽃을 보았다. 그 아름다움에 반한 수로 부인이 철쭉꽃을 꺾어 달라고 부탁했다. 가파른 절벽 때문에 자원하는 사람이 없을 때 소를 몰고 지나가던 노인이 철쭉을 꺾어 수로 부인에게 바쳤다. 그때 부른 노래가 유명한 '헌화가'다. 철쭉은, 절세가인으로 유명해 동해 용왕에게 납치까지 당했던 수로 부인까지 매료시킨 아름다움을 자랑한다.

두 번째는 독이 있어 먹지 못하는 특징이 담긴 이야기다. 옛날 결혼을 약속한 연인이 있었는데, 신부의 미모에 반한 도깨비가 그녀를 납치했다. 신랑이 구하러 갔을 때는 이미 신부는 자결한 상태였다. 죽은 시체라도 먹겠다는 도깨비가 피를 입에 대자 독을 먹은 듯이 괴로워하다 죽었다는 내용이다. 그 자리에 꽃이 폈는데 그게 철쭉이라고 한다.

실제로 철쭉꽃에는 독이 있어 철쭉 근처에서 벌을 키우면 꿀벌들이 땅에 떨어져 있는 것을 보게 된다고 한다.

2~3시간 지나면 다시 회복된다는 것을 보니, 아주 맹독은 아닌 듯하다. 또한 화전을 부쳐 먹는 진달래와 달리, 독 때문에 먹을 수 없는 철쭉을 '개꽃'이라고 불렀다.

두 이야기를 읽고 나면 다른 꽃은 다 잊어버려도 아주 예쁘고 독이 있다는 꽃의 특징은 오래 기억날 것이다. 이처럼 이야기는 아주 힘이 세다.

아빠는 이야기의 힘을 아주 잘 이용하는 분 중 하나였다. 마음을 사로잡는 아주 멋진 이야기들을 수집하셨고, 그것을 핵심 메시지와 절묘하게 연결하는 데 탁월하셨다. 아빠를 세상에 알린 『익숙한 것과의 결별』도 불타는 갑판에 서 있는 한 남자의 이야기에서 시작한다. 『사람에게서 구하라』, 『세월이 젊음에게』, 『깊은 인생』 등 대부분의 저서는 아주 강력한 이야기들을 연결하고 있고, 그것은 판도라의 상자에서 하나씩 꺼낸 강렬한 감정의 이야기들, 『신화 읽는 시간』에 이르렀다가 『그리스인 이야기』로 넘어간다. 아빠의 책들은 세상의 이야기들로 견고하게 지어져 있다.

『세월이 젊음에게』에서 아빠는 자신의 이야기를 만들어 보는 연습을 많이 해보아야 한다고 했다. 자신의 역사를 말할 수 있는 사람만이 미래에 대해서도 꿈을 꾸고 그 미래를 이루기 위해 노력할 것이라는 이야기도 하셨다. 세상에서 가장 흥미 있는 재료인 '나'를 가지고 이야기를 만들라니, 아주 멋진 이야기를 짓고 한 번 그렇게 살아볼 수 있다고 생각하니 가슴이 뛴다.

이야기에는 주인공이 바라보고 관심 있는 방향으로 흘러가는 힘이 있다. 이 힘을 나에게도 사용할 수 있을 것이다. 꿈이 나의 도착점이라면 이야기를 거기까지 가는 길잡이로 쓰는 것이다. 예를 들어 10년 뒤 자신을 상상하고, 그 10년 동안 이루고 싶은 멋진 꿈을 열 가지 정도 적는다. 그러고는 꿈을 모두 이룬 나의 이야기를 쓰는 것이다. 그리고 그것을 자주 들여다보면서 업데이트한다. 아빠는 이 열 가지 꿈을 이루는 이야기를 '십대 풍광'이라고 불렀다. 열 개 중 최소한 서너 가지는 이루어지는데, 그렇게 머릿속에 이루고자 하는 것을 쓰면 스스로를 밝히는 효과가 있다.

내 이야기를 만든다는 것은 참 어렵다. 아름다운 이야기를 읽으면 '아, 내 이야기도 이렇게 아름다웠으면 좋겠다'고 생각한다. 또 그저 그런 것을 읽으면 '하, 내가 만든 것은 이것보다는 나을 것이다'고 콧방귀를 뀐다.

그러나 다른 사람의 것을 보고 이런 생각만 한다면, 실제로 내 삶이 어땠는지 돌아볼 때 크게 도움이 되지 않는 것 같다. 내 경우, 나보다 일찍 자기 책을 쓴 사람들의 글을 읽으면서 좀 더 구체적으로 어떤 부분을 내 이야기에 차용할 것인지 찾아보는 것이 더 도움이 되었다.

처음 아빠에 대한 글을 쓴다고 할 때, 아빠 수준으로 써야 한다는 부담감에 많이 시달렸다. 지금도 그런 경지에 다다르고 싶고, 열심히 노력하겠노라 다짐하며 글을 쓰고 있다.

그러나 이전과 달라진 점이 있다면 결코 첫술에, 그런 경지에 다다르겠다는 생각은 하지 않는다는 것이다.

뇌 과학에서 인간의 뇌는 시행착오를 통해서만 무언가

배울 수 있고, 능숙해질 수도 있다고 했다. 글쓰기에 관해서도 뇌는 동일하게 작동할 것이다. 더 마음에 드는 글을 쓰고 싶다면, 한 번이라도 더 써 본 사람이 유리하다.

자신의 이야기는 스스로 써야 한다. 아무도 대신 써 주지 않는다. 태어날 때 하나씩 주어지는 태몽처럼, 삶에도 떠올리기만 하면 가슴이 뛰는 나만의 이야기가 하나 있어야 할 터다. 온전한 자신만의 세계, 그 문명에 대한 이야기를 찾는 것은 쉬운 일이 아니다. 다만 우리는 파도처럼 모래 위에 자신의 노래를 썼다 지웠다 다시 쓰는 것으로 점점 더 아름다운 결말을 맞이하게 될 것이다. 마치 깊은 이야기를 품고 있는 철쭉처럼 말이다.


## 관음죽, 느리게 성장하는 법

우리 집에서 가장 오래된 나무나 꽃을 고르라고 하면 그것은 관음죽이다. 홍지동으로 이사 오기 전부터 우리 집에는 늘 관음죽이 있었다. 부모님이 신혼 시절 집들이 선물로 받은 것이라고 들었다.

아파트에 살 때도 우리 집 베란다에는 식물원처럼 녹색의 나무들이 많았는데, 유독 관음죽만은 빛이 잘 안 드는 집안에 있어 늘 신기하게 생각했다. 묵묵히 한결같은 관음죽을 아빠는 잘 길렀다. 그런 점에서 아빠와 관음죽은 어딘가 닮은 것 같다.

이 나무는 천천히 자라고, 특별히 눈길을 끌지도 않는다. 그저 세로로 길게 찢어지는, 짙은 녹색 손모양 이파리를 쫙 펼치고 있다. 그것은 부채 같기도 해서 방 안 분위기를 고요한 영감이 깃든 곳으로 만들어 준다.

관음죽은 아주 잘 자라서 커다란 화분으로 옮겼다가, 결국 한쪽을 떼어 다른 화분에 옮겨 심었다. 그것도 아주 크게 자랐다.

화분이 어찌나 크고 무거웠던지 한번은 창을 터서 넓힌 부엌창 쪽에 내놨다가 바닥이 내려앉은 적도 있다. 상황이 이렇다 보니 홍지동 집에서 이사 갈 때 관음죽과도

작별을 고할 수밖에 없었다. 오래 정든 나무였지만, 작은 아파트에 가져가기에는 너무 컸다.

　이십 대 중반을 돌이켜 보면, 혼자 있을 때 가장 많이 느낀 감정은 초조함이었다. 빨리 눈에 띄는 사람이 되고 싶다는, 다른 사람보다 뒤처지고 있다는 조급함과 함께 오는 불안감이었다.

　학교에 다닐 때는 무사히 졸업해서 취업할 수 있을지 불안해했고, 결혼도 할 수 없을 것 같았다. 입사하고 나서는 부서가 없어지면 뭘 해야 할까, 당장 다음 주까지만 나오라는 통보를 받으면 어떡해야 할까 하는 생각들을 자주 했던 것 같다.

　그러나 서른이 넘어 돌이켜 보니, 그것은 단지 요령을 익히고, 공부하고 미리 계획을 세우면 잠재울 수 있는 가벼운 불안이었다는 것을 깨달았다. 또 회사 생활이라는 것이 일이 주어지면 거기 맞추어 정신없이 일하고, 일이 없으면 또 그 나름대로 미래를 준비하는 시간으로 보내야 한다는 것도 배웠다. 아마, 그 불안함을 느끼던 순간순간들 속에서 스스로 느끼지 못하게 조금씩 자라고 있었던 모양이다. 전보다 걱정에 의연할 수 있도록 단련되고 있었던 듯하다.

사람이 성장하는 속도는 너무나 느려서 잘 느껴지지 않는다. 아마 관음죽처럼, 오랫동안 그 모습 그대로 조금씩 자라는 것이 사람의 일생인가 보다.

그렇기에 좀 더 찬찬한 마음, 즉 느릿느릿한 성장을 바라봐주는 방법을 배우는 것은 식물을 기르는 좋은 이유다. 왜냐하면 스스로의 성장은 지나간 다음에야 비교가 가능한 것이기 때문이다. 어제보다 나아지는 나를 위해 매일 사는 마음가짐이 필요하지만, 그것만 가지고는 오래 지속하기 어렵다. 씨앗 한 알을 심고, 매일 햇빛을 쬐게 해주고, 물을 주고, 애정을 주며 자신이 자라는 것을 그저 지켜보는 것이 필요하다. 그리고 이 습관은 연습을 통해 발현된다.

관음죽 꽃은 아주 드물게 핀다. 대략 10년 전후에 한 번 정도 피는 것 같다. 이런 드문 개화 때문인지 관음죽의 꽃말은 '행운'이다. 행운이라는 것은 결국 매일 조금씩 어제보다 성장한 사람만이 만나게 된다. 기회가 왔다고 모두가 행운을 잡을 수 있는 것은 아니다. 그 전에 미리 자격을 갖춘 사람만이 행운을 잡을 수 있다. 그러니 조금씩 자신을 키워 나가는 데 천부적인 재능이 있는 관음죽을 세상에서 가장 운이 좋은 나무라고 할 수도 있겠다.

주말마다 꼬박꼬박 화분을 흠뻑 적셔 주던 아빠의 뒷모습이 생각난다.

## 층층나무, 이름의 비밀

정원 구석 자리에 신기한 나무가 있었다. 정원에서는 보이지 않고, 2층 베란다 난간에서 내려다보면 독특하게 생긴 모습이 눈에 띄었다. 이파리는 깻잎처럼 배가 둥근 모양이고, 그 위에 왕관을 얹은 듯한 하얀 꽃들이 일자로 차곡차곡 피어났다. 나무줄기가 우리 집 정원 안쪽에 있었는지 바깥쪽에 있었는지는 모르겠다. 마치 양떼구름 같은 그 흰 꽃 때문에 이름을 물은 적이 있다. 아빠는 층층나무라고 대답했다. 지금까지도 기억에 남는 것을 보니 잘 붙여진 이름이라고 생각한다.

줄기를 본 적이 없었던 것은 아마 층층나무가 우산처럼 가지를 넓게 펴고 자라기 때문인 것 같다. 농촌에서는 모내기 농사가 마무리되는 유월, 바빴던 일손을 잠깐 놓고 쉴 때 적당한 키에 우산처럼 넓은 그늘을 만들어 주는 층층나무가 좋은 쉼터라고 한다.

꽃은 향기가 좋고 꿀이 많아 벌을 키우는 집에서는 아주 중요한 식물이라고 한다. 그런데 향기가 잘 기억나지 않는다. 어디선가 유월의 층층나무를 다시 만나면 꼭 향을 확인해 보아야겠다.

아빠는 꽃과 나무를 많이 알고 계셨다. 또 꽃과 나무를 가까이하시며 잘 돌보아 주셨다. 아빠가 물을 주는 광경을 보고 있노라면 몹시 재밌어서 나도 한번 해 보고 싶다는 생각이 들 정도였다. 아빠는 나도 식물을 잘 아는 사람이 되길 바라셨는지, 아니면 내가 재미있어 할 거라고 생각하셨던 것인지 어렸을 때 식물도감과 나무에 얽힌 이야기책을 선물해 주셨다. 까맣게 잊고 있다가 얼마 전 이삿짐을 정리하다 그 책들을 찾았다. 책 표지를 열어 보니 아빠의 필체로 다음과 같이 쓰여 있었다.

> 언제나 아빠를 사랑해 주는 해언에게,
> 이 책 속에 가득 담긴 나무들의
> 이야기를 네게 선물할 테니 잘
> 읽고 사람들에게 이야기해주렴.
>
> 1995년 8월
> 아빠가.
>
> 참, 그리고 이야기 속의 나무들이 어떻게 생겼는지 궁금하면, 『우리나무 백가지』에 나오는 사진을 보거라.

꽃과 나무를 많이 알게 되면 좋은 점이 두 가지 있다.

첫 번째로 매운 일상을 버텨 내면서, 바라만 보아도 좋고 말랑해지는 꽃과 나무들을 곁에 두고 싶어진다. 초등학생 때 아빠가 이 식물 책들을 선물하셨지만, 그때는 꽃이 아름다운지 잘 몰랐던 것 같다. 그러나 나이가 들며 아빠의 바람이 내게도 영향을 주었던 것이 아닌가 한다.

네이버 밴드 중에 궁금한 식물 사진을 찍어 올리면 이름을 가르쳐 주는 공개 밴드가 있다. 산에서, 길가에서, 집 앞에서 우연히 만난 아름다운 꽃과 나무 이름이 궁금해지는 것은 자연스러운 일인 모양이다. 그러니 이미 많은 꽃과 나무 이름을 알고 있는 사람들은 똑같은 풍경 속에서도 마음 둘 수 있는 곳이 더 많을 것이다.

두 번째로 식물 이름을 알면 좋은 곳의 세세한 부분을 더 많이 기억할 수 있다. 김훈의 기행문, 박완서의 소설을 읽다 보면 작가들이 얼마나 많은 종류의 꽃 이름을 알고 있는지 놀란다. 세세한 관찰과 구체적 기억력은 지식에서 나오기 때문일 것이다.

회사에서도 전문적이고 기술적인 기본 단어들을 외우고 나면 업무 처리가 훨씬 가뿐하다. 이름은 미궁 속의 실타래 같은 역할을 한다. 문제를 새로 정의할 수 있게 해주고, 일이 제대로 흐르게 해 주고, 기억을 정확하게 만들어 준다. 추상화된 개념과 실제의 대상은 다르다고 하지만, 아무 바탕이 없어 스쳐 지나가는 아름다움들을 더 많이 담아 둘 수 있다면, 그 시작은 이름을 알아내 불러 주는 것에서부터 시작할 것이다.

아빠를 소중하게 기억하는 제자들의 이야기 중에 공통점이 있다. 그것은 '사부님과 이야기하거나 대면할 때마다, 그분과 나 둘만 이야기하는 것 같았다'는 것이다. 아빠의 소중한 사람들에게는 아빠와 자신만의 특별한 기억이 하나씩 있었다. 나는 그런 것들이 아빠가 알려 주고 싶었던 비밀이라고 생각한다. 그 비밀을 알려 주고 싶으셨기에, 나에게도 주변 식물들에 대한 많은 이야기와 지식을 가르쳐 주신 것이라 생각한다.

# 으아리, 버텨라 꽃피우라

으아리는 현관까지 이어지는 벽돌담 아래 심어졌다. 동향인 우리 집에서 아침 해가 떠오르면 바로 빛이 내리꽂히는 붉은 벽 앞에 아빠는 긴 꼬챙이를 꽂고 철사를 묶어 주었고, 으아리는 그 철사를 따라 덩굴을 끌어올렸다.

아빠의 야무진 매듭 덕분에 몇 차례 태풍이 지나가도 으아리는 모양이 흐트러지지 않았다. 아빠가 돌아가시고 몇 번이나 매듭을 따라 묶어 보았지만 금세 풀려 버리곤 했다.

으아리는 클레마티스라는 이름으로 해외 정원사들에게서 다양한 형태와 색상으로 각광받아 왔다. 우리 집에 있는 색상은 파란빛이 나는 짙은 보라색, 연보라색, 하얀색, 자주색에 밝은 줄무늬가 있는 것, 이렇게 네 종류였다.

초여름에 여러 색깔의 꽃들이 서로 얽히며 피어나는 것이 몹시 아름다웠다.

으아리의 줄기는 연하고 약해 보이지만 잘 끊어지지

않는다 한다. 문득 회사에 들어와 올해 7년차가 되었다는 것이 기억났다. 입사 당시에는 나의 쓸모를 인정받은 듯한 기분에 몹시 즐겁게 회사를 다녔다. 그러나 햇수가 늘어날수록 무의미하다고 느껴지는 잔업들과 채택되지 않는 기획서 때문에 의기소침해질 때도 있었다. 가끔 회사 출입문에서 ID카드가 잘 읽히지 않으면 '벌써 잘린 건가?'라는 농담 섞인 속마음이 저절로 튀어나오곤 했다. 의미를 알 수 없는 무명의 시간들이 몇 년 동안 이어져 직무 이동이나 이직, 퇴사도 많이 생각했지만, 그래도 버텨 보자고 마음먹었다. '지금의 경력이 어디에 쓰일지는 알 수 없지만, 언젠가는 도움이 될지 모른다'는 것이 나의 속마음이었다.

나에게는 인정받음에 대한 욕구가 있다. 그렇기 때문에 가끔은 모르는 것도 아는 척하고, 많은 분야에 관심을 갖고, 또 일 욕심도 있다. 그런 마음에 비해 실력은 아직 보잘것없다. 그래서 버티는 것마저 포기해서는 안 된다고 생각했다.

그러다 갑자기 프로젝트가 밀어닥쳤고, 내가 할 수 있는 일인지 아닌지도 모르는 채 업무를 해내야 했다. 무명의 기획자로 3~4년 지냈던 터라 일을 하면서도 마음 한 켠은 이상하게 불안했다. 바쁜 와중에도 늘 프로젝트의 인수인계서를 써 놓곤 했다.

모든 생각과 노력이 프로젝트를 중심으로 흘러갔다. 그럼에도 언제든 나의 의사와 상관없이 이 일을 그만할 수도 있어야 했다. 그리고 다른 일에 골몰해야 했다. 가장 중요한 일처럼 몰두하되, 동시에 아무 상관 없는 대상처럼 대하는 것. 두 가지 태도를 동시에 가진다는 것은 어려운 일이었다.

시장에 출시된 제품을 만든 경험은 소중했다. 또한 기획이 의외로 내가 좋아하는 직무를 포함하고 있다는 것을 알게 되었다. 기획서를 쓰는 것은 글을 쓰는 것과 비슷하다. 시장을 잘 관찰하고, 메시지를 찾아내고, 전혀 상관없어 보이는 것들을 메시지로 연결한다. 이야기를 좋아하고, 이야기 만드는 것을 좋아하는 나에게 기획 업무는 한 물건의 이야기를 만드는 작업이라는 생각이 들었다. 그런 업무를 할 수 있다는 것은 즐거운 일이었다. 프로젝트가 잘되지 않는 경우도 있었고, 현실적인 부분 때문에 매출로 연결되지 않는 부분도 있었지만 그래도 괜찮은 경험이었다.

아빠는 '너도 일단 직장에 다니게 되면 어떻게 하면 회사를 일주일만 쉬어 볼까' 하는 생각을 분명 할 거라고 하셨다. 실제로 지금 나의 바람은 '일은 조금만 하면서 월급은 그대로 받을 수 있었으면' 하는 것이다. 도둑놈 심보라는 것을 알고 있고 아마 그런 일은 없을 것이다.

아빠는 이런 적중률 200%의 예언을 하시면서 하나의 축복도 주셨다. '그 안에서 네가 잘할 수 있고 좋아하는 업무를 찾아라. 그리고 그것을 아주 잘할 수 있게 연습해라.'는 것이었다.

뜨거운 여름을 잘 버텨 가며 덩굴을 피워 올린 곳에서 으아리는 꽃을 피운다. 그 꽃말은 '고결함', '아름다운 당신의 마음'이라고 한다. 내 강점을 잘 버리어 내면 그것으로 곤경에 처한 누군가를 도와줄 수 있을 것이다. 또 아주 멋진 상품을 갖고 싶어하는 사람들의 심장을 뛰게 만들 수도 있을 것이다. 그렇게 아름다운 마음을 가진 태양 닮은 꽃들을 덩굴 가득 내 인생에도 피워 냈으면 한다.


## 느티나무, 필요로 할 때 곁에 있기

강아지 집이 있던 계단 중간에 커다란 느티나무가 있었다. 커다란 나무뿌리가 개집 옆을 둘러싸고 있어 사람은 다가갈 수 없었다. 두 갈래로 갈라진 그 천연 금고에 우리가 차례로 길렀던 두 강아지들은 각각 자신들의 보물을 묻어 두었다.

    느티나무는 풍채가 장대한 나무로 오랜 역사를 가진 마을이면 흔히 볼 수 있다. 이 느티나무는 아빠가 홍지동 집을 좋아했던 이유 중 하나였다. 우리 집 담 한쪽에 자리한 느티나무가 집에 들어가는 길목에 자리한 보호수 같다고 생각하셨던 모양이다.

느티나무는 눈에 잘 띄는 나무라는 특징에서 그 이름이 유래되었다는 설이 있다. 나무의 기골이 장대하고 오래 살기 때문에 '늘 티 나는 나무, 늘 티나무, 늘티나무' 하다가 '느티나무'가 되었다는 것이다. 제법 그럴싸한 설명이다.

여름이면 땀이 비오듯 쏟아져 굽이마다 몇 번이나 쉬게 된다. 집이 보이는지 올려다보면, 우선 눈에 들어오는 것이 느티나무다. 그리고 그 그늘 밑에서 내 발자국을 알아챈 강아지가 고개를 내밀고 나를 기다린다. 느티나무와 강아지는 우리 집의 첫 장면이다.

느티나무는 오랫동안 마을의 터줏대감이자 신목으로 신성시되어 왔다. 느티나무가 오래 사는 덕도 있지만, 큰 그늘로 마을 사람들의 삶 속에 깊숙히 들어가 있던 마을의 나무였기 때문도 있었을 것 같다. 함께한 기억이 있는 대상은 그냥 나무가 아니다. 그것은 쉽게 없어지지 않는 나의 기억이기도 하다.

느티나무처럼 오랜 세월을 살 수도, 마을과 나라를 지키는 신령한 힘을 가질 수도 없지만, 우리 모두는 적어도 곁에 있는 몇몇에게만은 느티나무 같은 사람이 될 수도 있을 것이다. 성장을 방해하는 큰 바위조차 껴안을 수 있는 사람, 그늘을 드리워 사람들이 곁에 모이는 사람, 그리고 나를 지켜봐 주는 사람에게서 우리는 안락한 평화를 찾는다.

아빠가 돌아가시기 전, 제자들이 찾아온 적이 있다. 복도까지 길게 줄을 섰고, 한 사람씩 아빠와의 소중한 추억을 다시 떠올리며 쾌유를 기원해 주셨다. 고통 때문에 늘 기운이 없던 아빠는 그날만큼은 눈이 반짝반짝 빛나셨다. 마지막이라고 생각하면 너무나 슬픈 날이었지만, 아빠는 함께했던 멋진 장면들을 떠올리며 활짝 웃으셨다.

그때 느티나무가 생각났다. 아빠는 나무 같은 사람(Treeman)이 되고 싶다는 이야기를 책에 쓰셨다. 『마흔세 살에 다시 시작하다』에는 당신이 되고 싶은 여러 나무 이야기가 나오는데, 그중 느티나무가 있다. 어느 여름날, 마을 초입에 서 있는, 몇백 살된 커다란 느티나무 그늘에 사람들이 옹기종기 모여 있는 모습을 상상해 보자. 아빠가 느티나무가 되어 그런 장면 속에 있다는 생각이 들어 슬픔이 잠시 가셨던 기억이 난다.

  지금의 나로서는 그렇게 되기란 거의 불가능한 일이라 생각한다. 다만 한 가지 힌트가 떠오른다. 내가 길을 헤매고 있을 때, 전혀 나아진다는 생각이 안 들 때, 조급해하지 않고 스스로를 잘 바라봐 주고 잘 관찰해 준다면 그것으로 스스로를 믿고 좀 더 성장할 수 있는 기회가 되지 않을까. 그렇게 자신을 바라보고 나면, 다른 사람이 누군가를 필요로 할 때도 그 곁에 있어 주는 것에 조금은 익숙해지지 않을까 기대해 본다. 더 많은 사람이 돈보다 큰 나무 그늘을 더 소중하게 생각한다면, 세상은 훨씬 더 좋은 곳이 될 것이다.

# 능소화, 진실을 바라보는 눈

짙은 녹색의 여름 나무들 사이에서, 한낮의 더위를 식혀 주는 것은 담장 위로 늘어진 능소화다. 꽃이 귀한 여름에 피는 담홍색 꽃은 빈 벽을 기어올라 꽃망울을 펼친다. 꽃송이 그대로 툭 떨어져 지는 모습까지 예쁜 꽃이라 많은 사람들에게 여름의 정취를 채워 주는 식물로 사랑받고 있다.

아빠도 능소화를 몹시 아끼셔서 1층 거실 앞 나무 데크 난간을 휘감도록 능소화를 심으셨다. 빗방울이 떨어지는 여름 밤 전등을 켜 두면 주변에 있는 능소화 꽃들로 주변이 더욱 환해졌다. 현관에서 2층으로 올라가는 흰 벽도 능소화 한 그루가 타고 올라가 밋밋함을 가시게 해 주었다.

내가 사는 신혼집 도화동에도 능소화가 자주 보인다. 원효대교를 타러 가는 길에 있는 아파트 담벼락에도 주황색 능소화가 피어 있고, 강변북로 축대에도 능소화를 심어 놓은 곳이 많다. 지나칠 때마다 한여름 더운 바람에 관능적이면서도 단정하게 흔들리는 능소화를 보면서 잠시 더위를 잊는다.

이런 능소화가 몇 년 전 아주 곤란한 일을 겪었다. 누군가 인터넷 커뮤니티에 능소화 꽃가루가 눈에 들어가면 실명할 만큼 위험하다고 올린 것이다.

아직도 인터넷에서 '능소화'를 검색해 보면 "꽃가루를 현미경으로 보면 갈고리 같은 것이 있어 어린이와 노약자가 있는 집에서는 키우는 것을 삼가야 한다"는 이야기가 많이 나온다. 이런 이야기가 널리 퍼지면서 능소화가 많은 강남구 대치동 일대와 종로구 계동 북촌한옥마을 등지에서는 능소화를 모두 뽑아버려야 한다는 말까지 나왔다.

이 같은 오해는 산림청에서 능소화 꽃가루가 무해하다고 공표하면서 진화되었다. 검사 표본과 방법에 대한 내용은 환경생물학회 사이트에서 확인할 수 있다. 현미경으로 본 능소화 꽃가루는 망에 싸여 있는 모양으로 외벽에 작은 돌기가 있을 뿐이다. 갈고리 모양의 구조가 각막을 손상시킬 수 있다는 것은 사실이 아니었다.

또한 국립수목원장에 따르면 지금까지 능소화 꽃가루 때문에 실명한 사례는 한 건도 없다고 설명했다.

이 해명 기사에 나온 국립수목원장은 아빠에게 선물받은 책 『우리가 정말 알아야 할 우리나무 100가지』의 저자인 이유미 박사다. 그 책에서 가장 첫 번째로 나오는 식물이 바로 능소화다. 2015년 개정판에는 능소화의 무해성에 관한 이야기도 더해졌다고 한다. 잊고 있던 이름을 찾아낸 것은 반가운 일이었다. 나무에 대한 애정이 묻어나는 책이라 아빠도 곁에 놓고 보시곤 했는데, 이렇게 소식을 들어서 반가웠다.

능소화에 얽힌 사건을 목격하며 나는 사실 확인이 얼마나 중요한지 다시 한 번 깨달았다. 많은 정보를 쉽게 검색할 수 있는 인터넷을 통해, 우리는 많은 사실과 가설을 만난다. 모습이 비슷하게 생긴 사실과 가설, 그 사이에 숨어 있는 진실을 모두 알 수는 없지만, 적어도 자신이 지금 알게 된 것이 사실인지는 확인해 보는 과정이 필요하다.

다른 사람을 설득할 수 있는 힘은, 여러 사실을 수집하여 그것을 토대로 해야 얻을 수 있다.

자신의 의견을 가지지 못하면 어떤 분야에서도 쓸모가 없다. 재미있게 읽었던 책이나 영화에 대해서 이야기하는 사소한 것부터 중요한 결정을 내리는 것까지, 많은 논리적 근거를 가지고 의견을 만들어 내야 한다. 누군가에게 물어보고 도움을 받을 수는 있겠지만 결국 인생은 자신만의 것이고, 대부분의 인생에서 어떤 결정을 내릴지는 철저하게 자기 판단의 몫이다. 이런 의사 결정 과정에는 스스로 관심과 생각을 가지고 살펴본 많은 사실들만이 힘을 보탤 수 있다.

입시와 취직, 커리어 방향 등 여러 고민거리를 만날 때마다 아빠와 자주 상담을 했다. 다소 예상하지 못한 의견을 들려주시기도 했지만, 내가 충분히 즐겁게 대응할 수 있는 여지가 많은 결정이 대부분이었다.

고민을 말하면 하루나 이틀 정도 생각하신 다음 아빠

의 생각을 말씀해 주시곤 하셨는데, 중요한 결정을 해야 할 때 머릿속의 예상이 아니라 실제 사실들을 모아 충분히 생각해 본 뒤 결정해도 된다는 것을 알려 주시는 것 같았다.

아빠가 돌아가셔서 스스로 여러 가지를 결정하려니 많이 망설이게 되고 걱정도 되지만 그래도 사실을 모아 생각하고 답하는 것을 연습하면, 좀 더 나은 결정을 할 수 있지 않을까 싶다.

능소화에 얽힌 오해가 풀려서 다행이다. 아름다운 꽃은 괴물을 대하는 두려움이 아닌, 아름다움을 즐길 수 있는 마음으로 바라보아 주고 싶다. 진실의 렌즈를 통해서 바라보는 세상은 한층 밝고 선명하다.

# 3

## 아빠의 여행

초콜렛 샀어요 우혜한테 물론 내가 뉴질랜드에서
아껴먹고 자지말고 음통해요 알아지?
자!! 여기서 부터는 혜민's 의 크리슴니다. 새
해부터 여행을 가는 군. 추웃. 실컷
놀다와요. 색깔이...
...쭉 민우도 보내자한. 항상
모 금방 하해하니...

...with Lots
of Love!!

행복한
2.14일
보내뎌 ><
From: 혜린·
해민

[세로로 쓰인 글씨들]
내일야~ 우리도 아빠 따라오느라고 해서어 Valentine's day가 이렇게
...

~놀다 가그리오 고가친에 꺄해여 니이오돋~

더 챙길 것이 있는지 서랍을 하나하나 열어 보았다. 서랍마다 인화한 사진이 가득했다. 어디론가 여행 가서 찍은 것들이다.

    아빠는 여행을 좋아하셨다. '여행이란, 젊디젊고 뛰는 흥분으로, 새로운 공간으로 자신이 확장되어 가는 짜릿함을 즐겨야 한다'는 여행관을 가지고 계셨다. 여행은 아주 멋진 모험을 선물했다. 사진을 보며 그 사실을 깨달았다.

## 아빠와 산

북한산 자락은 건물과 아파트로 획일화되어 가는 서울에서 아직까지 유일하게 신비를 간직한 곳이다. 날 좋은 날 마포대교를 지날 때면 산은 늘 청량한 세계처럼 그 자리에 서 있다. 자유와 개성, 섭리를 모두 품고 늘 푸르게 있는 산. 그곳에서 십오 년 가까이 살았다는 게 벌써 먼 옛날 같다.

아빠와 엄마는 내가 중3 때 홍지동 집으로 이사 가기로 결정했다. 두 분은 기뻐하시는 것처럼 보였지만 나는 좀 두려웠다. 벌레도 싫고, 버스노선이 적은 것도 싫었으며, 겨울 추위도 싫었다. 차 없이 다녀야 하는 내게 우리 집까지 가는 길은 몹시 가혹했다. 컨디션이 좋지 않거나 피곤할 때도 집에 가려면 반드시 15분 정도 비탈길을 걸어 올라가야 했다.

대학생이던 어느 겨울, 눈이 많이 왔는데 그날은 계절학기 기말고사날이었다. 아침까지도 눈이 내리고 있었다. 창피했지만 등산화에 아이젠을 착용하고 등산점퍼를 잔뜩 껴입은 후 교과서를 방수 배낭에 넣었다. 영락없는 셰르파처럼 보였다. 무릎까지 쌓인 눈을 헤치고 내려가 간신히 버스를 타고 학교에 도착했다. 강의실에 들어선 내 꼴을 보고 친구들은 엄청 웃었다. 우리 집은 그런 곳이었다.

새들이 머리맡에서 지저귀는 동안 침대에서 서서히 깨어나는 시간, 한낮의 한가로운 구름, 음악 소리같이 창문을 때리는 비, 산 그림자가 덮쳐 와 세상이 밤으로 바뀌는 것을 숨죽이고 지켜보는 시간, 커다란 보름달, 즐거운 가든파티, 몰래 다가와 단숨에 퍼지는 가을 단풍, 반짝이는 목걸이처럼 늘어선 새벽 스카이웨이의 가로등, 신나는 크리스마스. 그렇게 몇 년이 지났다. 그 시간을 함께하며 이 집에 사는 즐거움을 이해하고 받아들이게 되었다.

아빠는 본디 산을 좋아하셨다. 내가 어렸을 때 한 달에 두세 번은 꼭 주말 등산을 가셨다. 도시와 달리 꽃이 피고,

단풍이 지고, 눈이 내리는 모든 순간이 산에서는 그윽한 풍경이 되었다. 산에서의 매일은 축제 같았다.

가장 강렬한 기억은 초등학생 때 백운대에 올라간 날이었다. 새벽부터 우리는 아이젠을 끼고 아슬아슬한 바위 모서리를 따라 산을 올라갔다. 이른 시간이었는데도 벌써 내려오는 등산객이 많았다. 어린아이가 산에 가면 좋은 점은, 만나는 어른들마다 격려를 해 준다는 것이다. 올라가는 속도는 느렸지만 우리는 계속해서 앞으로 나아갔다.

우리는 어느 산장에 들러 컵라면을 먹고 엄마가 보온병에 타 준 코코아를 마셨다. 쨍하게 차가운 공기와 아직도 뜨거운 코코아의 대비에 더 맛있게 느껴졌다.

절반 정도 갔을 때 어느 모퉁이를 지나자 이윽고 백운대가 그 모습을 드러냈다. 눈에 덮인 산은 장대한 공간을 지배하며 나를 압도했다. 나의 모든 힘을 다 쏟아부어 정상을 올랐다. 내 발 아래 세상을 둔 기분이었다.

암 진단을 받았을 때도 아빠는 산을 찾았다. 더위 속에 가을바람이 간간이 숨어 있던 늦여름, 아빠와 오래간만에 비봉 가는 길목에 있는 호랑이 바위까지 올라갔다. 우리는 땀을 뻘뻘 흘렸다. 나도, 아빠도 안 쓰던 근육들을 사용해 보았다. 산은 변함없었다. 어디를 둘러보아도 녹색 나무뿐이었다. 바위에서 내려다보니 산 골짜기에 지어진 집들이 작게 보였다.

적당히 너른 바위를 골라 앉아 칸칸이 나뉜 도시락 통을 열고 밥을 나눠 먹었다. 산에 와서 땀을 쭉 흘리고 나면 뭐든지 해낼 수 있을 것 같은 기분이 든다. 산에 다녀오면 출발하기 전과 완전히 다른 내가 된 것 같은 시원한 해방감이 찾아든다. 공을 들여 목적지를 밟고 온 성취감 때문인 것 같다.

사람의 일은 금방 변하지만, 산은 변함이 없다. 600년 전 조선의 새 수도를 찾아다니던 이성계와 정도전도 북한산에서 한양을 내려다보았을 것이다. 그들은 북한산에서 자신들의 미래를 예감했을 것이다. 몇백 년 동안 북한산은 흥망성쇠를 조용히 지켜보고 있다. 그 우직함에 잠시

기대어 긍정적인 마음을 되찾는 산행을 오래간만에 해봐야겠다.

## 지리산과 나

10년 전 어느 날 밤, 앞으로는 남이 시키는 대로 살지 않겠다고 다짐했다. 오로지 내 마음에 따라 행동하자고 마음먹었다. 그것은 이상한 느낌이었다. 마음이 고요해졌다. 청명하고 서늘한 여름밤이었다. 보름달이 뜨고 뒤뜰의 대나무 숲이 바람에 사각거렸다. 먼 산에서 고라니가 울었다. 나는 잠이 오지 않았다. 지리산에서 포도 단식을 시작한 지 일주일쯤 된 날이다.

 지리산은 아빠가 마흔세 살, 직장 생활 20년 만에 한 달간의 긴 휴가를 받아서 머물렀던 곳이다. 2~3주 정도 출장을 간 적은 있으셨지만 그렇게 오래 집을 비운 적은 없었다.

아빠는 가끔 '잘 있다'는 편지를 보냈다. 남은 가족들은 각자의 생활에 충실했지만 때때로 아빠가 어떻게 계시는지 궁금했다.

한 달 뒤 배낭을 메고 현관에 들어선 아빠는 낯설었다. 때 묻은 챙 모자를 쓰고 등산 점퍼, 가족 여행 때마다 늘 챙겼던 낡고 검은 배낭은 그대로였다. 구불구불한 수염이 덥수룩하게 얼굴을 덮고 있었다. 면도를 한 지 오래된 것 같았다. 몹시 수척해 보였으나 핼쑥한 얼굴에서도 맑은 눈빛은 반짝반짝 빛나고 있었다. 그 후 아빠는 작가로서의 삶을 시작하셨다.

지리산에서의 그날로 되돌아가 보면 잔잔한 마음속에 질문 하나가 떠오른다. 그렇다면 이 긴 목숨, 난 무얼 할까? 남의 생각과 시선을 신경 쓰지 않는다면 난 무엇을 하고 싶은가?

아무것도 하지 않고 집에만 있는 게 가장 먼저 생각났다. 그것도 나쁘지 않을 것이다. 책도 많이 읽고, 무엇을 하든 시간을 내 속도에 맞춰서 쓸 수 있다. 그래도 그러다 보면 좀 심심할 것 같았다. 그러면 도대체 뭘 할까? 나도 아빠처럼 마흔세 살에도 눈빛을 반짝거릴 만큼 재미있는 것을 하며 살 수 있을까? 오래된 기억들을 뒤졌다. 시간을 되돌려 내가 무엇에 열정을 쏟았는지 언제 행복하다고 느꼈는지 기억을 더듬어보았다. 두 가지 장면이 지나갔다.

첫 번째는 고등학생 때 쉬는 시간이었다. 나는 쉬는 시간 10분이 늘 길었다. 무료하게 때우는 대신, 틈날 때마다 학교의 철학 선생님을 찾아가 내가 쓴 글을 읽어봐 달라고 했다. 또 관련 주제와 연결된 책과 철학 이야기를 나누었다. 대화하면서 생각이 명쾌해지자 글에도 그게 드러났다. 그것은 몹시 즐거운 작업이었다.

선생님 덕분에 나는 인문학 서적을 찾아 읽고, 독법을 배웠다. 윤리와 사상 교과서 처음을 장식하는 소크라테스, 플라톤도 처음 읽어 보고, 법과 윤리 개념을 쉽게 쓴 『헌법의 풍경』이나 『호모 에티쿠스』 등의 책도 읽었다. 또 도스토옙스키의 책들, 『오래된 미래』, 『멋진 신세계』 등

토론의 여지가 있는 소설과 체험담도 읽었다. 책 속에는 내가 살고 있는 세상에 대한 다양한 의견과 정의와 진실이 담겨 있었다. 그러나 혼자 지적 탐험을 하는 것은 한계가 있어 방과 후 논술수업반을 만들었다.

두 번째는 대학생 때 공모전에서 상을 받았을 때다. 한 학기 동안 들었던 강의에 대해 리뷰를 하는 것이 주제였다. 마침 지난 학기에 들었던 '현대 서양의 형성' 수업이 생각났다. 배경과 사건을 기반으로 서양사를 이해하고 역사에 대해 토론하고 공부하는 수업이었다. 그동안 예사로 넘겼던 세계사의 사건들이 어떤 의미였는지 알게 된 시간이었다. 그 변화된 감각을 써서 제출했고 좋은 결과를 받았다. 내 글에 대해 처음으로 공개적인 칭찬을 받은 순간이었다.

이때부터 글을 통해 내 이야기를 하고 싶어졌다. 살면서 보고 느낀 것들을 다른 사람들과도 공유하고 싶어졌다. 좀 더 깊고 따스하며, 생각을 확장시켜 주는 글을 쓰고 싶다는 열망이 일었다.

늘 낙관적으로 생각했던 미래가 갑자기 캄캄하게 느껴지는 일이 가끔 생긴다. 두려움, 초조함, 막막함 같은 감정이 뒤섞여 괴롭힐 때 나는 지리산에서 보냈던 밤을 떠올린다. 깊은 산, 시간이 멈춰 있는 것 같은 곳. 나는 오롯이 혼자였다. 이 세상에 나밖에 남지 않은 것 같은 적막한 밤이 이어졌다. 남과 비교하거나 내게 주어진 기대는 사라지고 알맹이만 남아 있던 시간으로 잠시 돌아가 본다.

지리산에서의 그 밤 이후 내 삶이 크게 달라진 것은 아니었다. 그러나 나는 한 번도 글을 쓰는 것을 완전히 포기한 적은 없었다. 다행히 내 취미는 생각보다 돈이나 시간이 많이 들지 않는다. 만 오천원이면 며칠 동안 즐겁게 읽을 책을 살 수 있고, 대단하게 시간 내지 않아도 틈날 때마다 스마트폰에 한두 문장씩 기록할 수 있다. 이렇게 지내다 보면 다가올 사십 대, 오십 대에는 조금 변해 있을지도 모른다. 한 가지 소원이라면, 그때도 여전히 반짝이는 눈을 가졌으면 좋겠다, 아빠처럼.

# 아빠와 별

오비디우스, 칼 세이건, 혹은 어쩌면 시드 마이어… 이런 사람들의 이름은 깊은 밤, 경이로움에 숨죽이게 만드는 수많은 별들을 상기시킨다. 별은 별 그 자체이며, 수많은 영웅과 위대한 인간이며 또한 빛나는 문명을 의미하기도 한다. 역사의 저편, 기억의 저편에서 영원히 반짝이는 것들… 밤하늘에 별이 빛난다.

  나는 살면서 몇 번 아름다운 별로 가득한 하늘을 바라본 적이 있다. 모두 아빠와 함께였다. 한번은 제주도 영실 근처의 차도에서였다. 어렸을 적 갔던 제주도 가족 여행 때였다.

  어째서인지는 잊어버렸지만 우리는 아주 깜깜해진 차도를 달려 숙소로 가고 있었다. 천백고지를 지나는 좁은 2차선 도로를 달렸다. 아마 1139번 도로였을 것이다. 우리 앞에도, 뒤에도 다른 차는 없었다. 부모님은 자동차 헤드라이트에만 의지해 길을 헤쳐 나갔다.

별안간 아빠가 창문을 내리고 하늘을 보라고 외쳤다. 우리는 한겨울 산 공기에 몸을 떨며 차창 밖으로 고개를 내밀었다. 그곳에는 별로 가득한 하늘이 보였다. 나는 그때 밤하늘에 별이 그렇게 많다는 것을 처음 알았다. 1990년대였지만 서울에서는 별을 거의 볼 수 없었기 때문이다. 차갑게 갠 겨울 하늘에, 별들은 제 나름의 빛을 뿜어냈다.

우리는 갓길에 잠시 차를 세웠다. 외투를 껴입고 차에 기대 하늘을 보다가 보닛 위에 나란히 누웠다. 몹시 추웠지만 등은 따뜻했다. 추위와 따뜻함, 아무도 없는 산속이라는 두려움과 별에 대한 경외심이 뒤섞여, 그 광경은 절대 잊을 수 없는 별과의 우연한 만남이 되었다.

두 번째 별밤은 몽골에서였다. 나는 변화경영연구소 3기 연구원 하계 연수에 따라간 적이 있다. 울란바토르에서 우리는 몇 대의 봉고차에 나눠 타고 길이 없는 초원을 달렸다. 게르에 도착한 후 각자에게 말이 주어졌고 우리는 간단한 요기를 하고 매일 그 말을 타고 멀리 나갔다.

게르 하나에서 세 명이 같이 잤는데, 추워서 융단같이 두꺼운 담요를 몇 개씩 덮었다. 잘 씻을 수도 없었고 음식과 물에서는 양 누린내가 났다. 밤에는 멀리서 늑대 울음소리가 들렸다. 그러나 무언가 야생동물 같은 스스로 자신을 이끄는 자유와 환경에의 순종이 동시에 몸과 정신에 퍼지기 시작했다. 칭기즈칸의 후예처럼 나는 먼 지평선을 똑바로 바라보고 말을 달렸다.

연구원 수업이 끝난 밤에는 모닥불을 피우고 노래하고 춤을 추었다. 우리는 이불을 가지고 나와 몸에 둘둘 말고 나란히 누워 별을 보았다. 하늘을 보면 그곳은 마치 우주에 와있는 것 같았다. 은하수가 흐릿하게 흘러가고 무수히 떠 있는 별들은 황홀하게 떨며 춤을 추었다. 평소 눈이 닿지 않는 곳에서 시간을 잊게 만드는 아름다움을 발견했다. 나는 한동안 하늘에서 눈을 뗄 수 없었다.

『삼국지연의』에서 사마의는 큰 별이 지는 것을 보고 제갈량의 죽음을 알게 된다. 반면 그리스 신화에서는 수명이 다한 영웅을 하늘에 올려 별자리로 만들었다. 사람이

죽으면 별이 떨어질까? 아니면 별자리가 새로 만들어질까? 혹은 둘 다일까? 별이 보이지 않는 밤이 길어지지만 내게 보이든, 보이지 않든 늘 저곳에 별들이 있음을 안다. 그것은 우리가 코스모스의 일부이고, 여행을 떠난 곳에서 우연한 만남을 통해 그 사실을 깨닫기 때문이었을 것이다.

몇천 년 전 사람들에게도 별은 보였을 것이다. 우리는 그때부터 인류에게 흘러내리는 동질감과 지식과 감정, 무엇보다 용기를 발견한다.

별이 빛나는 밤. 별 헤는 밤. 우리는 가슴에 새겨진 별들에게서 희망을 찾고 소원을 말한다. 내 안에도 저 반짝임이 있기를. 주변을 신경쓰지 않고 자신의 빛을 찾기를. 또 많은 동료들과 함께 빛날 수 있기를. 누군가 몇백 광년 너머에 있는 존재에게 닿길. 그리하여 잊히지 않는 떨림으로 남게 되길.

## 아빠와 달

언니는 보름달이 품에 안기는 꿈을 꾸고 첫아이를 가졌다. 형부의 제안으로 우리 가족은 말레이시아의 코타키나발루로 태교 여행을 떠났다. 그곳은 항구 도시였다.

우리는 리조트를 하나 잡아서 며칠 동안 그 안에서만 놀 계획이었다. 방으로 가는 긴 산책로와 복도마다 남국의 야자나무와 진한 색 꽃들이 가득했고 작은 도마뱀들이 벽을 타고 다녔다. 우리는 시원한 수영장에서 수영하고 야자나무 아래 선베드에서 좋아하는 책을 읽었다. 식사 때는 식탁 가득 차려진 해산물, 얼음이 가득 든 맥주를 먹고 마셨다. 작은 보트를 타고 근처 섬으로 가서 스노클링도 했다.

그동안 국내 여행은 가족들과 수없이 갔지만, 해외여행은 이번이 두 번째였다. 별다른 일정 없는 여행도 온가족이 함께하니 즐거웠다.

하루 일정을 마치고 우리는 한방에 모여 취침 전까지

이야기를 나눴다. 언니는 그때 임신 6~7개월 정도였다. 새로운 가족의 탄생을 모두 기대하고 있었다.

우리는 언니 주변에 둘러앉았다. 한 번도 본 적 없는 조그맣고 말랑말랑하고 예쁜 아기를 상상했다. 우리는 돌아가며 배 속의 조카에게 조용히 말을 걸었다. '만날 날을 손꼽아 기다리고 있다, 건강하게 만나자'라는 기대와 축복을 비는 말이었다. 나직하고, 따뜻하고, 안심이 되는 시간이었다. 아이가 기억하지 못하더라도 이 순수하고 강력한 축복과 함께라면 무슨 일이 있어도 이겨 낼 수 있을 것 같은 기분이 들었다. 혼자 있어도 그곳에는 가족이 있다.

나와 아빠는 해변으로 밤 산책을 나갔다. 달빛이 밝아 길을 찾기가 어렵지는 않았다. 우리는 리조트 정원을 지나 고운 모래로 된 해변으로 갔다. 운동장처럼 넓은 모래사장이 해안을 따라 펼쳐져 있었다.

신발을 벗어 한 손에 들었다. 밤이라 그런지 아무도 없었다. 잔잔한 파도가 밀려와 발목을 적셨다. 바닷물은 따뜻했다. 마침 보름달이 떴다. 한국이랑은 비교도 안 되게 큰 보름달이었다. 해변 왼편에는 높은 암벽 산이 있었는데, 그 실루엣과 커다란 달이 어우러져 아주 오래된 땅처럼 보였다. 낯선 나라에서 만난, 다정하고 기묘할 정도로 커다란 보름달은 생경하면서도 반가웠다.

나는 학창 시절을 통틀어 평범한 편이었다. 뚜렷하게 잘 하는 게 없었다. 해 보고 싶은 것은 많았지만 지치지 않고 계속하기 어려웠다. 오랫동안 스스로 초라하게 느껴왔다. 그러나 조카를 만나면서 내게도 이모라는 멋진 역할이 주어졌다는 것을 깨달았다. 내가 좋아하는, 세상의 멋진 부분을 새로 태어날 조카에게 보여주고 싶었다. 이 밤바다, 모래사장 위를 기어 다니는 작은 꽃게들, 머리 위의 커다란 달과 작은 별들, 파도, 보물을 찾아 바다로 떠나는 모험과 용기에 대해 알려 줄 수 있을 것이다.

옆을 둘러보면 자신과 비슷비슷한 사람이 수없이 있다는 걸 쉽게 알 수 있다. 학교에서, 회사에서, 어떤 모임에서도 나는 늘 관객석에 앉아 있는 사람이다. 그래도 세상에는 나밖에 할 수 없는 일이 있다. 취향과 강점, 기질에 따라 습득되는 지식과 기술은 사람마다 전혀 다르니, 누구나 자신만의 개성을 갖게 된다. 거기에 성장하면서 이모나 삼촌이 되기도 하고, 사위나 며느리가 되며, 엄마, 아빠가 되기도 한다. 이것 또한 내게 주어진, 나밖에 할 수 없는 일이다.

수많은 개성을 통해 새로움을 발견하고, 그로 인해 모난 성품이 둥글둥글해진다면 누군가의 어둠을 보름달처럼 위로해 줄 수 있을지도 모르겠다.


## 아빠와 바다

내 이름의 가운데 글자는 '바다 해'자다. 아빠가 바다를 좋아해서 넣었다고 하셨다. 나도 바다를 매우 좋아한다. 꼬맹이였을 때 가족 여행을 가면 수영복과 물안경 자국이 선명하게 남을 때까지 수영하곤 했다.

바다를 가만히 바라보고 있으면 마음이 차분해진다.

파도 소리에 걱정들이 씻겨 나가는 것인지, 그 앞에서는 나만 남고 모두 비워진다. 바다가 마음을 무겁게 만들던 것을 모두 덜어 주는 모양이다.

   그 안에는 온갖 것들이 다 들어있다. 타이타닉도 있고, 세계대전에서 추락한 비행기도 있고 이순신 장군의 거북선에 부서진 세키부네의 잔해도 있을 것이다. 그래도 무겁다 불평하지 않고 내 고민거리들까지 모조리 가져가 주니 바다가 참 고맙다. 바다에서는 내가 좋아하는 생선들과 해산물, 다큐멘터리로 만났던 아름다운 생물들이 산다.

   바다를 좋아하게 된 데는 아마 아빠의 여행 방식도 한몫했을 것 같다. 어릴 적 타고 다녔던 남색 소나타 뒷좌석 포켓에는 늘 『전국 지도』 책이 꽂혀 있었다.

   아빠는 가끔 국도변에 비상등을 켠 채 차를 세우고 지도를 한참 들여다보셨다. 나머지 가족들은 목적지에 가면 된다고 생각해 아빠를 보채지만, 지도를 보는 아빠에게는 어떤 말도 들리지 않는다.

지금 생각해보니 아빠는 해안도로를 찾으셨던 것 같다. 또 지도에는 없어도 바다를 향해 있는 작은 길이나 바다가 잘 보일 것 같은 산길로도 차를 몰았다. 그러다 막다른 길에서 난감했던 적이 한두 번이 아니었다. 낭떠러지 같은 밭두렁 사이를 아슬아슬하게 비집고 간신히 빠져나온 적도 여러 번이었다. 몇 번 실패하면서 아빠는 길과 숨겨진 풍경을 찾는 감을 터득해 나가셨던 것 같다. 그것은 아빠의 놀이였다.

그렇게 찾은 아주 멋진 바다를 한둘 알고 있다. 전라남도 장흥군 안양면 수문리에 있는 수문해변이다. 2012년 아빠가 돌아가시기 전해, 석가탄신일 연휴 때 아빠와 남도여행을 갔다. 여행은 청양과 변산반도를 지나 해남에서 시작되었다. 진도로 넘어가 1일, 다시 해남에서 완도, 고금도 이순신 충무사를 포함해 해안 도로를 타고 돈 뒤 수문에서 2일, 그 이후로 담양을 통해 서울로 귀성하는 짧은 일정이었다.

이틀째 갔던 수문은 아주 아름다운 곳이었다. 해질녘 바다는 호수처럼 고요했다. 창문을 열어 두면 담담한 파도 소리가 들렸다. 그것은 극적이지 않아 계속 옆에서 듣고 있기에 좋았다. 바다 건너편으로는 득량도와 고흥 일대가 보였다. 아빠도 수문에는 처음 가셨다고 해 함께 멋진 해변의 발견을 축하했다.

만약 바닷가에서 몇 달 살 기회가 생긴다면, 그곳이 적합해 보였다. 조용히 글을 쓰고 책을 읽고, 그 옆에 바다가 있는 삶이 잘 어울릴 것 같았다.

마지막을 병원에서 보내실 때 수문에 가고 싶다는 말씀을 하셔서 화장한 유골을 그곳에서 보내 드렸다. 그 뒤로 수문은 나의 남도 여행 단골코스가 되어 1~2년에 한 번씩은 찾고 있다. 언젠가 안식 휴가를 얻거나, 회사를 그만두어 몇 년 놀게 되면 그때 진짜로 실행에 옮겨 보고 싶다.

또 하나의 바다여행은 남해였다. 남해는 전라도와 경상도 사이, 지리산 아래에 있다. 왼쪽, 오른쪽, 어느 쪽 끝에서도 다가가기가 어렵다. 우리 가족은 어느 젊은 부부가 오픈한 지 얼마 안 된 펜션에서 자고, 다랑이 밭을 구경하고, 금산에서 아침 바다를 내려다보았다. 진주처럼 빛나는 바다는 따뜻하고 조용하고 반짝거렸다.

얼마 전 신랑과 남해를 찾았다. 여행 계획을 짤 때만 해도 나는 내가 남해에 갔었다는 사실을 까맣게 잊고 있었다. 1024번 지방도로를 타고 가다 오른쪽에 바다가 보이자, 그제야 남해가 기억났다. 젊던 엄마, 아빠와 어린 언니와 내가 차를 타고 바다를 바라보던 게 생각났다. 그때도 남해의 아침 바다를 잊지 않겠다고 했는데 다시 남해에 오기 전까지는 잊고 있었다. 아름다운 시간이었다.

우리는 상주 은모래 해변에서 잠시 차를 멈췄다. 해변에 해송 숲이 있는 전형적인 해수욕장이었다. 조용히 파도가 치는 해변은 십년 넘은 세월이 지나도 그대로였다. 나는 갑자기 어릴 때로 돌아간 듯한 기분이 들었다. 바닷가 바로 앞에 둘다섯의 노래 〈밤배〉 주크박스가 있어 우리는 노래를 들었다. 조용한 어촌의 아침에 잔잔한 포크송이 깔렸다. 검은빛 바다 위를 밤배 저 밤배 무섭지도 않은가 봐 한없이 흘러가네…작은 노를 저어 저어 은하수 건너가네….

우리는 아무도 없는 겨울 해수욕장에서 왈츠를 추었다. 남해에 또 오고 싶은 추억이 다시 생긴 것 같았다.

아빠의 여행 방식, 바다 지향적인 길 찾기는 이제 나도 매우 즐겨 하는 놀이다. 길을 찾아 주던 아빠가 계시지 않아 스스로 해결하면서 조금씩 터득해 나가고 있다.

남도를 갈 때마다 고금도 충무사를 늘 들렀다. 이번에는 좀 더 현장의 이순신을 만나보고 싶어 진도대교쪽 울돌목을 찾아갔다.

울돌목 입구 초입에 있는 이순신 기념 박물관은 잘 꾸며져 있었다. 그곳에서 방금 보고 온 승전비 탁본을 볼 수 있어서 반가웠다. 충무사의 파토스가 최선을 다한 한 남자의 모든 생이 완결된 다음의 안식에서 오는 것이라면, 울돌목의 이순신은 좀 더 일터에 있는 모습으로 그려졌다. 『난중일기』 속으로 들어간 것 같았다. 바람 앞의 등불 같던 조선의 현실을 어깨에 지고서도 지형을 세심하게 관찰하고 응용해 어떻게 이길 것인지 고민하던 오래된 영웅의 하루를 짚어 볼 수 있었다.

아빠가 바다를 사랑하는 이유, 그것은 푸르름 때문일 것이다. 푸르기 때문에 바다는 늘 그립고 가고 싶은 곳이다. 가득 차 있으면서도 늘 나를 위해 자리를 내주는, 그러면서도 제 색깔을 잃지 않는 바다처럼 살 수 있다면 좋겠다. '선비처럼 힘껏 배워서 늘 푸르고 고운 사람이 되렴.' 아빠는 '海彦'이라는 내 이름에 매번 바다를 볼 때마다 원했던 소망을 담아 주셨다. 그렇게 되면 참 좋겠지만 쉽지는 않다. 그래도 바다를 찾아갈 때만큼은 그 푸르름에 같이 물든다.

## 아빠와 구름

성장 드라마에서 구름은 좋은 미장센이다. 일본 애니메이션에서는 주인공이 성장했음을 암시하는 상징물로 여름철 뭉게구름을 자주 사용하곤 한다. 여름이 익어 가듯이 사람도 성숙해 가장 뜨거운 계절을 지나고 있음을 보여 주는 것이다.

1990년대 디즈니 르네상스의 〈라이언킹〉에서도 구름은 아주 중대한 역할을 한다. 자신의 소명에서 도망쳐 있던 심바는 구름으로 된 아버지 무파사의 환영을 만난다. 구름은 심바가 누구인지, 자신이 해야 할 일이 무엇인지 일깨워 주고 멀어져 간다. 먼동이 트자 심바는 자신의 영토 프라이드록을 되찾기 위해 고향으로 되돌아간다.

아빠가 운영하셨던 변화경영연구소 프로그램에는 '나를 찾아 떠나는 여행'이라는 2박 3일 코스가 있다. 우리는 모두 자신의 타고난 모습대로 뜨겁게 살고 싶은 마음을 가지고 있지만 정작 그렇게 사는 사람은 그리 많지 않다. 그래서 이 2박 3일 간 자신의 강점, 재능, 기질 등을 토대로 자신이 좋아하고 잘할 수 있는 일을 찾아내는 것이 여행의 목적이다. 여행에서 돌아오면 10년 동안 열심히 노력한다는 전제로 만나게 될 멋진 장면을 10개 적는다. 그것을 '10대 풍광'이라고 명명한다.

함께 여행을 떠난 사람들은 '꿈벗'이라고 부른다. 꿈이 맺어준 친구로 앞으로 꿈을 현실로 만드는 과정을 서로 응원해 줄 동료들이다. 꿈벗들은 봄 혹은 가을에 꿈벗 소풍에서 만난다. 그 사이 꿈을 이루기 위해 어떻게 노력했는지, 어떤 성과가 있었는지, 혹은 어떤 어려움이 있었는지 함께 이야기 한다. 소풍에는 꿈벗에 관심이 있는 사람들이 오기도 하고, 또 이미 꿈을 실행에 옮긴 사람들이 새로운 꿈을 위해 오기도 한다.

나는 2007년에 꿈벗 11기에 참가했다. 그때는 강렬한 이상과 현실이 뒤섞여 있어 어떤 미래가 내 것인지 그리기가 어려웠다. 변화경영연구소에 찾아오는 분들을 고등학생 때부터 만날 기회가 있었는데, 그때마다 나에게 '네 나이 때 내가 이런 고민을 했다면'이라는 이야기를 하곤 하셨다. 나이보다 자기다운 삶을 고민하는지 그렇지 않은

지가 더 중요한 것 같다. 누구라도 스무 살 때 자신의 길을 확신하기는 어려울 거라 생각한다.

대학 입학 전에는 학생이 얼마나 바쁜지 알 수 없다. 회사에 다녀보기 전에는 회사가 왜 괴로운 곳인지 알 수 없다. 모든 위치에 각자의 십자가가 있건만 막상 그 입장이 되기 전에는 알기 어렵기 때문인 것 같다. 그렇기에 여러 가지 상황에 자신을 담가 보고 조금씩 미래의 모습을 조정해 가는 것이 필요한 것이다.

당시 썼던 10대 풍광을 2017년에 다시 읽어 보니 두 가지만 실제로 이뤄졌다. 그래서 지난 7월, 10대 풍광을 개정하여 다시 작성해 보니 마음이 새로워졌다. 나의 풍광은 열 가지가 되지 않는다. 그러나 나는 몇 가지는 분명하게 바라고 있다. 아빠에 대한 책을 쓰는 것, 학생 때 만나 10년 이상 알고 지내 온 사람들과 계속 꿈을 교류하는 것, 또 새로운 꿈을 꾸는 사람을 만나는 것.

이것은 아주 단순하지만 어렵기도 하다. 그래도 너무 잘하려고 하지 않는다면 그럭저럭 해 볼 만할 것 같다. 또 혼자가 아니라고 생각하면 할 수 있을지 모른다는 쪽에 좀 더 힘이 실린다. 시도해 보지도 않으면 계속해서 마음 한켠에 아쉬움을 가지고 살게 될 것 같다.

꿈벗 소풍은 한동안 충청북도 괴산에 있는 여우숲에서 진행됐다. 한 꿈벗의, 숲에 대한 그리움과 꿈으로 일궈 낸 장소였다. 산중턱에 있는 여우숲 숙소는 아래로 한 면이 창으로 되어 있어 아침에 일어나면 바로 고요한 산의 맨얼굴을 만날 수 있다.

아빠가 돌아가시고 잠시 '나를 찾아 떠나는 여행'이 중지된 적이 있다. 그때도 여러 사람의 도움으로 꿈벗 소풍은 진행됐는데, 한번은 매우 단출한 인원만 모였다. 그래도 우리는 소풍의 의미를 잊지 않고, 꿈이 맺어준 친구들과 근황과 고민 이야기를 하면서 즐거운 시간을 보냈다.

다음 날 일어나 창밖을 보니 마치 눈이 내린 듯이 구름이 온 세상을 덮고 있었다. 구름 바다였다. 건너편에 보이는 봉우리 두어 개만 삐죽 올라와 있을 뿐 구름은 바람을 타고 흘러가고 있었다. 나도 같이 흐르고 있었다. 마치 신선처럼 많은 현실을 잊었다. 대신 간밤에 꿈벗들과 함께 나눈 꿈꾸는 대로 살 수 있다는 열망, 더욱 나다운 삶을 살겠다는 의지만 머릿속에 남았다.

    꿈을 가지고 사는 것은 좋은 일이다. 그것은 사람을 살아 있게 하고, 일상을 전혀 새로운 날로 바꾸어 준다. 그러나 한편으로 사람은 앞으로 나아가기 위해 증거가 필요한 존재다. 즉, 꿈을 이루기 위한 한 번의 행동에는 유통기한이 존재하기 때문에 결과물을 만들어 낼 때까지 끊임없이 움직여야만 멋진 계획이 나의 현실이 된다. 그것은 우리가 가지고 있는 저주이자 희망이다. 괴산에서 만난 멋진 구름 바다를 타고 여름을 뜨겁게 보내, 나의 뭉게구름을 만나면 좋겠다.

# 4

## 아빠의 편지

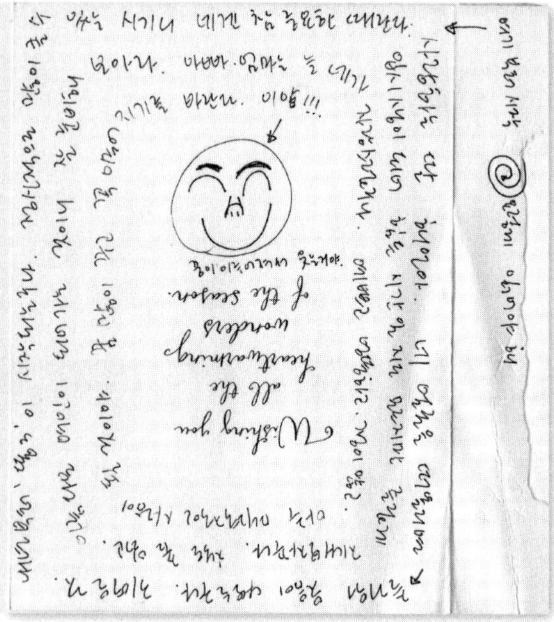

*Wishing you*
*all the*
*heartwarming*
*wonders*
*of the season*

!!! 힝잉 ← 따라해봐요 힝잉~

※ 근데 진짜 메리크리스마스예요!

(Korean handwritten text around the border - partially legible)

2층 내 방에 들어가 보았다. 경치가 아주 좋은 방이다. 홍지천 삼거리가 내려다보이고, 왼쪽으로는 키 큰 살구나무와 보현봉이 보인다.

목련나무 이파리 무늬 벽지가 발린 벽 앞의 예쁜 상자를 집어 든다. 고운 색지에 정성 들여 쓴 아빠의 편지가 가득한…… 딸에 대한 걱정과 격려와 조언이 담뿍 담긴 편지를 쓰다듬었다. 아빠가 집 안 어딘가에 계시는 것 같았다.

# 편지 1: "멋지시오, 해언양"

아빠는 직장인일 때, 일년에 한두 번씩 출장을 가셨다. 잠시 헤어지는 것은 이쉬웠지만 늘 신기한 장난감을 선물로 사다주셨기 때문에 나는 아빠의 출장을 그리 싫어하지 않았다. 오히려 출장이 여행 같은 걸로 여겨져 조금은 부럽기도 했다.

그때마다 아빠는 엽서를 사서 내게 짧은 편지를 보냈다. 멀리 떨어져 있어서 많이 보고 싶다는 그리움과 곧 만난다는 희망이 담뿍 담긴 따뜻한 엽서였다. 나중에 커서 생각해 보니 해외에서 엽서를 부치는 것은 상당한 노력이 필요한 일이었다. 엽서를 파는 곳은 많은데 부칠 수 있는 우체국은 열심히 찾아야 하기 때문이다.

그렇게 도착한 엽서를 받을 때면 설렜다. 무슨 말을 썼을까, 낯선 도시는 어떨까, 거기에서 무슨 일을 하실까, 빨리 보고 싶다는 생각에 엽서를 몇 번이나 읽어보곤 했다. 다행히 나는 몇 장의 귀여운 엽서를 아직까지 지니고 있다.

그러고 보니 우리 가족은 서로에게 편지와 카드를 많이 썼다. 생일이나 어버이날, 결혼기념일, 크리스마스, 밸런타인데이, 또 무슨무슨 데이 같은 때도 간단한 선물과 함께 편지를 주고받았다. 서랍장을 열어보면 카드며 엽서가 한 무더기씩 쏟아져 나왔다.

해언에게

고생이 많다, 작은 딸.

미국인 여럿을 데리고 한국을 보여 주고 즐기도록 하는 일이 쉽지만은 않지? 여정이 빡빡해서만은 아니고 서로 호흡을 맞추고, 돌발 상황을 처리하고, 늘 신경 써서 이것저것을 챙겨 전체를 코디네이션하기는 만만한 일이 아니다. 특히 언어마저 자유롭지 않으니 밤이면 녹초가 되는 것은 당연한 것이다.

그러나 모든 일을 하는 데 기본이 있다. 그것은 그 일을 즐길 수 있어야 한다는 것이다. 특히 이 일은 잘 놀 수 있는 즐거운 여행이다. 프로그램이 짜인 대로 끝내야 하는 과제가 아니라 서로 즐겁게 이곳저곳을 보고 즐기는 것이 일의 핵심이다. 목표는 프로그램의 완수가 아니라 '그들이 한국을 조금이라도 잘 이해하고 너희들을 통해 한국에 대한 좋은 인상과 추억을 가지도록 하는 것'이다. 그렇게 되려면 프로그램은 그저 시간을 보내는 뼈대이고 더 중요한 것은 너희들이 그때그때 잊지 못할 즐거운 장면들을 그 프로그램 속에 만들어 넣는 것이다. 그러니 먼저 너희들이 이 프로그램을 친구들끼리 보내는 유쾌한 2주 여행으로 인식할 필요가 있다. 여기 몇 가지 Tip이 있다. 한번 생각해 보거라.

- 애들과 일을 함께 나누어라. 모든 사람은 장단점을 가지고 있다. 단점을 크게 보면 불편해진다. 늘 그 사람의 장점을 보고 일을 맡기되, 정중하게 해서 그 사람이 즐겁게 그 일을 이끌어 갈 수 있도록 마음을 써 주면 좋다. 예를 들어 돈 관리를 해야 하는 티케팅, 예약 등은 너와 윤수가 미리 맡아 하고, 영어가 잘되고 유쾌한 아이에게는 경주 내려갈 동안 아이들을 즐겁게 해 주는 일을 미리 부탁해 두면

네가 좀 쉬고 많이 웃어 줄 수 있을 것이다. 또 한 사람에게는 경주에 얽힌 역사나 전설, 그리고 로맨스를 한두 가지 준비해서 말해 줄 수 있으면 좋지 않겠느냐?

- 돌발 상황이 벌어지면 이것을 다이내믹하게 쓰도록 해라. 예를 들어 갑자기 배를 타지 못하게 되어 2시간이 남아 버리면 어떻게 할까? 프로그램은 다 써 버렸는데 더 무엇인가를 하고 싶어 하면 어떻게 할까? 이때는 한국의 젊은 이들이 보내는 일상으로 그들을 초대해라. 노래방으로 가서 1~2시간 떠들 수도 있고, 민속 주점을 갈 수도 있다. 고수부지에서 즉석 맥주 파티를 벌일 수도 있다. 우리의 일상, 그게 그들에게는 최대의 흥밋거리일 수 있는 것이다.

- 그들에게 늘 물어봐라. 특히 하고 싶은 것이 있는지 물어서 할 수 있는 것은 해 주는 것이 좋다. 거리를 활용해라. 지나다 그들이 관심을 가지는 먹거리가 있으면 얼른 하나씩 사서 나눠 먹어 봐라. 네가 외국을 다니며 즐거운 것이 무엇이었는지 떠올리고 그 구석구석 골목 맛을 보게 해 주어라. 그게 그들의 자랑이 될 것이다.

그러나 무엇보다 중요한 것은 먼저 네가 마음을 풀어 놓고 이 일을 즐길 태세를 갖추는 것이다. 리더가 되어 챙겨야 될 것도 많지만, 때로 구멍이 나도 그 실수를 재미있는 추억으로 만들고, 서로 잘하는 일을 맡겨 고도한 일의 중압감에서 벗어나라. 즐겨라. 무엇이든 일이 얼른 끝내야 하는 과제가 되면 많이 배울 수 없다. 이것은 태도의 문제니 언제나 명심하고 자신을 가지도록 해라.

네가 들어와서 투덜거리기는 하지만 밖에서는 최선을 다해 잘하고 있다는 것을 알고 있다. 그러나 딸이 중얼거리니 아빠가 어찌 한마디를 하지 않을 수 있겠느냐. 즐겁게 지내거라. 네 빛나는 청춘의 며칠을 마음껏 웃고 떠들도록 해라. 멋지시오, 해언 양.

팀플레이는 대학생이었던 나에게 늘 큰 도전이자 실패였다. 내가, 혹은 다른 학생이 조장이어도 경험도, 방향도 없이 무작정 모여서 답을 내야 하는 상황이 많았기 때문이다. 내가 열심히 하는 모습을 보여 주는 것 외에는 몰랐는데, 몇 주간 진행되는 긴 팀플레이에 매순간 매달릴 수는 없었다. 그렇다 보니 대부분 잘 끝난 적이 없었다.

특히 한국에서 2주간 미국 대학생들과 한국 여행을 다니는 프로젝트에서 나는 진행 미숙의 끝판왕 같은 모습을 보였다. 큰 상처만 남기고 2주를 보낼 수밖에 없었다. 준비는 아무것도 안 된 상황에서 팀은 분열, 아무도 현재의 문제점을 타개할 방법에 대해 나와 이야기하지 않았다.

미국 학생들에게 나를 따라주길 바라기는 어려운 상황이었고, 점점 계획과 다르게 진행되는 것을 방관하고 있을 수밖에 없었다. 마지막 며칠은 집을 나서는 것이 몹시 두려웠다. 날씨도 나를 도와주지 않았다.

이 편지는 그렇게 고군분투하고 있을 즈음 받은 것이다. 나는 편지와 현실의 간극이 너무도 커서 이 편지를 제대로 읽을 수 없었다.

그래서 나는 몹시 궁금했다. '어떻게 성공하는 것일까? 또 즐긴다는 것은 수동형이 아닌가? 좋은 멤버가 있고, 필요성을 공감하고, 같이 준비하고, 나도 내가 할 수 있는 것을 던져서 우리에게 주어진 미션을 완료하면 되는 것 아닌가? 내가 즐긴다는 게 뭐지?'라는 의문이었다.

우선 나는 비슷한 일이 또 주어질 수 있다는 점을 인정했다. 팀으로 일하기는 혼자서 하기 어려운 큰일을 해내는 가장 보편적인 방법이다. 그리고 몇 년 이상 일하면 내게 다른 사람들이나 팀과 협업해 결과물을 내라는 숙제가 떨어질 것이 불 보듯 뻔했다. 그렇다면 다음에는 성공해야 한다. 운영의 힌트는 나누는 것, 특별함의 실마리는 '즐기는 것'일 것이다.

다행인지, 회사에서 여러 사람과 팀을 짜서 내가 수행 지시를 해야 하는 상황이 금방 오지는 않았다. 그러던 어느 날, 드디어 기회가 왔다. 90명을 대상으로 하는 워크숍을 기획팀에서 준비하는 일이었다. 우리 파트는 총 여섯 명. 그중에 풀타임으로 지원이 가능한 사람은 세 명이었다. 이번에는 실패하고 싶지 않았다.

우선 나는 스스로를 돌아보았다. 거기에는 몇 가지 문제점이 있었다. 첫 번째로 나는 다른 사람에게 부탁하는 것을 어려워했다. 일을 나눈다는 것은 내가 할 일을 '미루는 것'이라고 스스로 연결짓고 있었다. 그 말은 능력에 비해 스스로에 대한 요구 사항이 약간 높은 나의 성향을 반영한 것이기도 했다. 즉, 내가 혼자 다 할 수 없는 일이 있다는 것을 인정하고 싶지 않은 기분이 부탁을 가로막는 것이다.

또한 나의 생각을 다른 사람에게 적절하게 전달하는데 어려움을 많이 느꼈다. 기질상 나는 긴급한 상황에서 말로 6하원칙에 맞게 전달하는데 어려움을 느낀다. 미리 생각이 정리되고 나서야 말할 수 있는 타입이다.

그래서 우선은 두 가지 전략을 썼다. 부탁에 대한 마인드를 바꾸어 보기로 했다. 혼자 할 수 없다는 것을 인정하는 시간을 가졌다. 거기에 내가 아예 일을 던지는 게 아니라 진행해 보고 어려운 부분이 있다면 내가 돕겠다는 말을 덧붙이는 것이다. 즉 미룬다고 인지하는 나의 마음을 약간 속이는 것이다. 두 문장을 이어서 '부탁합니다. 정말 혼자서는 해낼 수가 없을 것 같습니다. 당신의 장점으로

해 준다면 쉽게 해낼 수 있을 겁니다. 혹시 진행해 보고 어렵다면 내가 돕겠습니다.'라고 아주 정중한 부탁을 할 수 있게 되었다.

두 번째는 내가 생각하는 바를 정확하게 전달하는 데 어려움을 느낀다는 것이었는데 그것도 적절한 방법을 찾았다. 예를 들어 워크숍을 진행한다고 하면 분 단위로 필요한 사항을 빠짐없이 적는 것이다. 여러 번 반복하면서 적고 나면 대부분의 걱정을 한 종이에 담은 것이나 다름없어진다. 이렇게 보기 쉽게 업무를 잘게 쪼개면 일을 나누기가 생각보다 쉽다. 누군가 구멍이 생겨도 다른 사람이 체크하고 채워 넣을 수 있었다. 시간이 꽤 걸리는 작업이지만 그래도 할 만한 가치가 있었다.

그 외에 업무가 수행되기 전 다른 사람들과 업무 수행의 중요성을 공유하기 위해 여러 번 커피 타임을 가지고 현황을 공유했다. 놀랍게도 이 방법을 통해 다른 사람들에게서 도움을 구할 수 있었다. 우리는 실수 없이 워크숍을 잘 치렀다. 그것은 스스로에게 큰 성과였다.

또한 나는 워크숍의 뼈대와 살에 대해 팀원들과 논의를 시작했다. 생각하는 바를 묻고, 듣고, 각자의 개성과 강점이 무엇인지 파악하려고 애쓰고, 또 확인해 업무를 적절히 나누었다. 일정이 있는 팀원들은 시간이 가능할 때 의견을 듣고, 당일 참석에 대해서만 제대로 운영할 수 있도록 했다. 그런 작업들이 쌓이자 나는 도저히 해내지 못할 것 같은 일도 처리할 수 있게 되었다.

다른 사람들과 함께 올라선 정상은 아름다웠다. 옆에서 함께 경치를 보는 동료들도 있다. 혼자 들기엔 너무 큰 중압감도 나눠 들면 들 만하다. 워크숍 이후 나는 좀 더 폭넓게 동료들과 일하고 싶다는 마음이 들었고, 비로소 아빠의 편지를 즐거운 마음으로 읽을 수 있게 되었다.

## 편지 2: "당근이지"

아빠가 작가여서 좋았던 날 중 하나는, 출판사에서 보낸 아빠의 새 책을 받아보는 날이었다. 그때마다 늘 내 일처럼 기뻤다. 우리 가족은 아빠의 첫 번째 독자였다. 우리는 아빠의 책에 적극적으로 개입하지는 않았지만, 얼마나 많은 노력과 시간과 정성을 들여 책이 나오는지 알고 있었다. 택배 아저씨가 책 박스를 현관에 놓고 가면, 그 근처에서 축하의 하이 파이브를 하기도 했다.

박스를 열어 보면 갓 나온 책들에 예쁜 띠지가 둘러져 있었다. 우리 가족은 책을 즐겁게 2층으로 날랐다. 대부분 선물로 보낼 책들이기에 책 상태도 확인하고, 사인과 봉투 작업도 해야 했기 때문이다. '아빠가 또 한 해 열심히 고민하고, 실험하면서 완성한 책이구나. 또 어떤 멋진 이야기가 있을까.' 하고 기대되었다.

나는 아빠의 새 책을 가지고 다니면서 열심히 읽었다. 읽다가 아주 멋진 구절을 마주치면 아빠에게 '이번 책, 아주 좋아요!'라든가, '특히 이 부분이 아주 마음에 들어요' 같은 이야기를 했다. 아빠는 씩 웃으시며 '당근이지'라고 대답했다. 그렇게 대답해 주시는 게 어쩐지 매우 적절하고 귀여웠다. 한 권, 한 권 책을 낼 때마다 아빠는 많은 고민과 실험을 통해 새로움과 메시지를 듬뿍 담아 내셨다. 아빠의 모든 것을 담아 쓰셨다. '당근이지'에는 그런 노력을 일일이 다 열거하지 않아도, 마음으로 뚫고 들어오는 글이라는 자신감과 뿌듯함이 담겨 있었다.

책이 나오기 전까지 아빠는 원고를 읽고 또 읽으셨다. 책을 쓸 때도 종종 그러셨지만, 특히 교정지가 나오면 잘 주무시지 못했다. 커다란 A3 사이즈 종이에 2면 인쇄된 실제 책 사이즈 교정지를 넘겨 가며 오탈자와 내용을 교정하셨다. 아빠와 나의 비슷한 점 중 하나는 피곤하면 입안에 하얀 아구창이 마구 생기는 증상이다. 불편하고 양치질할 때마다 아픈 증상을 아빠는 그 시기에 늘 달고 사셨다.

아빠는 연구소 연구원들에게 책은 정신적 자식으로 출산의 고통이 따를 수밖에 없다고 하시면서, 졸업을 위해서는 책을 내야 하는데 아이를 낳으면 책을 내지 않아도 졸업으로 인정해 주시겠다는 이야기를 한 적이 있다. 책이 나오는 것은 누구에게든 고통스럽고 힘든 일이라는 것을 그때 간접적으로 듣기는 했다. 실제로 체험해 보니 몹시 고통스럽고 여간해서는 끝나지 않는다. 기대와 두려움이 번갈아가며 나를 붙잡는다.

새로 출판된 책이 나와 관련이 있으면 아빠는 내게 한 권씩 선물해 주셨다. 아빠는 박스에서 흠이 없는 책을 고른 뒤, 중간 속지를 한 장 넘겨 아끼는 만년필로 짧은 글을 써주셨다.

나는 그렇게 받은 아빠의 책들이 너무나 좋았다. 짧지만 아빠가 자필로 쓴 편지 같아서 지금까지 소중히 간직하고 있다. 이사를 할 때도 가장 먼저 캐리어에 담았다. 조선 시대에 전쟁이 벌어지면 종묘의 위패와 실록을 가장 먼저 옮겼듯이 나에게는 아빠의 책들이 절대로 잃어버려서는 안 되며, 가장 먼저 옮겨야 할 귀중품이었다. 나의 기반을 지키는 울타리 같은 것이었다.

가지고 있는 책 편지들을 모아 보니 2008년 이후부터는 매년 꼬박꼬박 써 주셨다. 대학교 3학년 때였는데, 이제

본격적으로 자신이 가야 할 길을 적극적으로 모색해야 할 때라고 생각하셨던 것 같다. 때마다 나오는 책과 연결성이 있는 메시지들은 내게 책을 읽는 동기이자, 관련 분야에서 어려움을 느낄 때마다 마치 아빠에게 물어보듯 아빠의 생각과 경험과 의견을 찾아볼 수 있게 만들어주었다.

〈사자같이 젊은 놈들, 2002년〉
사랑하는 해언에게
너를 위해 쓴 책이고,
또한 네가 쓴 책이기도
하단다.
하루가 늘 즐거운 일들로
가득하길. 날마다 환한 아침 되거라.

〈세월이 젊음에게, 2008년〉
해언에게
딸아,

멀리 이국에 있어 더 보고 싶은 둘째야.

세계를 즐기고

마음을 키우고

늘 기쁨으로 감탄해라.

힘껏 배워 늘 푸르고 고운

사람 되거라.

〈구본형의 The Boss 쿨한 동행, 2009년〉

사랑하는 나의 딸

해언아,

네가 있어

늘 기쁘고

자랑스럽구나.

참으로 내게 준

가장 큰 기쁨이구나

〈구본형의 필살기, 2010년〉

해언에게

꿈과 현실. 그 사이의

깊은 심연에 건강한 다리를

놓아라.

〈깊은 인생, 2011년〉

해언에게

언젠가 너는

네 길을 가고,

네 일을 하고,

네 삶을 살게 될 것이다.

기쁜 마음으로 지금의

삶에 힘껏 참여하거라.

〈구본형의 신화 읽는 시간, 2012년〉

해언에게

너의 나날이

기쁨이거라. 햇빛

같은 축복이거라.

〈구본형의 그리스인 이야기, 2013년〉

해언에게

VICTORY 2013

구본형

    내게 아빠의 책들은, 마음을 북돋아 주고 힘을 주었다. 아빠가 계실 때도 책들은 자연스러운 방법으로 내게 지금보다 더 나은 삶을 만들어 가자는 아이디어를 끊임없이 전했다. 나의 과거를 보듬고, 현재를 직시하고, 내 성향과 기질, 강점을 가지고 무엇을 하면 좋을지에 대한 생각의 끈을 계속 쥐고 있도록 만들어주었다.

나는 책을 받았을 때보다 좀 더 자란 지금에서야 아빠가 내게 남겨 주신 편지에 담겨 있는 마음을 더 많이 읽을 수 있게 되었다. 내가 행복하게 살기를 바라셨던 것 같다. 아빠는 성인이 된 딸이 자신에 대해, 일에 대해, 꿈에 대해, 일상에 대해 건강한 시선을 가지고 자신을 완성시켜 가기를 바라셨던 것 같다.

직장에 있더라도 조직의 단순한 톱니바퀴가 아니길, 밥과 존재 사이에서, 이상과 현실 사이에서 자신만의 좁은 길을 찾아, 다 지나고 뒤를 돌아보았을 때 '참 좋은 시간이었다'고 말할 수 있기를 바라셨던 것 같다. 이 짧은 편지글이 내가 아빠에게 받은 축복의 구체적 증표인 것 같아 책의 앞장을 들춰 볼 때마다 마음이 먹먹해진다.

그랬다. 아빠는 내가 자신의 길을 걸어가게 될 것임을 의심하지 않으셨다. 나는 스스로에 대한 불안으로 아무것도 확신할 수 없었는데도 아빠는 나를 믿고 계셨다. 내가 시련을 잘 통과할 수 있을 것임을 의심하지 않으셨다. 그 믿음의 근거가 무엇인지 알 수 없지만 아빠는 나에 대한 걱정을 거의 하지 않으셨다. 병상에서도 엄마에게 '해언이는 걱정할 필요 없다, 알아서 잘할 것'이라고 말씀하셨다고 한다.

나는 마음도 약하고, 다른 사람이 나를 어떻게 볼지에 대해서도 의외로 신경을 많이 쓰고, 소심하고, 감정의 부침이 매우 심하고, 숫자에 약하고, 다른 사람을 잘 배려하지 못한다. 거의 전방위적으로 또래보다 썩 경쟁력이 있는 성격이 아니다.

이런 모든 약점에도 불구하고 아빠는 믿어 주셨다. 또 조건 없는 사랑을 내게 주셨다. 그것은 나를 자주 울렸지만, 곧 눈물을 닦고 다시 지금에 집중하도록 도와주었다. '그래, 일단 지금 할 수 있는 것을 하자'고 마음먹었다.

그렇게 변화경영연구소 연구원 1년 과정을 마쳤고, 회사를 7년째 다니고 있고, 기획서가 상품이 되는 경험을 하고, 퇴근해서 글도 열심히 쓰며 하루하루를 보내고 있다.

놀랍게도 자신에 대한 신뢰는 어느 날 갑자기 찾아왔

다. 나에게 있던 죄책감과 쑥스러움과 불신이 사그라들기 시작했다. 더 강렬하고 단단한 목소리가 올라왔다. '네가 할 수 있는 일, 너밖에 할 수 없는 일을 해라.' 그것은 깊은 구원이었다. 그동안 열심히 보냈던 하루하루가 모여 쌓아 올린 대답이었다.

나는 아무것도 아닌 게 아니었다. 나는 다른 사람과 다를 뿐이었다. 나는 자신을 더욱 똑바로 바라볼 수 있었다. 결점을 없앨 수는 없지만, 강점을 더욱 갈고 닦을 수 있겠다는 생각이 들었다. 힘껏 배워 재능을 꽃피우고, 나 자신을 갈고 닦아 더 나은 내가 되는 것은 할 수 있겠다는 생각을 했다.

최고의 자신이 되는 것, 태어날 때 받은 자신 그대로 발현하여 삶을 사는 것, 그것은 내가 그동안 불안해했던 미래보다 훨씬 더 현실 가능성이 높고, 즐겁게 도전할 수 있는 멋진 일이다.

이제는 나 자신의 가능성을 의심하지 않는다. 이전에는 보지 못했던 경치를 즐기며, 아직 내게 남은 길을 걸어

가고 있다. 그 곳곳에 아빠의 편지가 있어 나는 몹시 감사하고, 든든하다.


## 편지 3: "잠꾸러기들아 일어나라, 꼬꼬댁"

*해언에게*

보고 싶은 해언아, 떨어져 있으면 해언이가 가장 보고 싶단다. 아빠는 해언이를 너무 좋아하는 것 같아. 너를 생각하면 가슴이 두근거리고 아릿해지는 것을 느낄 수 있단다.

이곳에는 시골다운 많은 것들이 있단다. 닭, 곰돌이라고 불리는 검은 돼지 새끼를 닮은 검둥개, 가끔 짙은 초록색 뱀도 슬금슬금 지나가고, 물론 모기도 있지. 여치, 귀뚜라미들도.

웃기는 것은 저녁만 되면 커다란—아빠 주먹만한—두꺼비 한 마리가 엉금엉금 기어 나와 돌아다니는 거야. 막대기로 똥구멍을 살살 간질러 주면 껑충껑충 뛰어 달아난단다.

개울물은 하루 종일 소리를 지르며 흘러내리는데, 특히 밤이 되어 조용해지면, 더욱 크게 소리를 지른단다. '괄괄괄괄' 하고 말이야. 아주 시원하단다.

지금은 새벽인데 장닭이 목이 터져라 울어대는구나. '잠꾸러기들아 일어나라, 꼬꼬댁'

해언아, 먹는 것을 조금 줄이거라. 그리고 꼭꼭 씹어서 넘겨라. 그러면 자연히 조금, 먹는 양이 줄어든단다. 그리고 더 많이 좋은 영양가가 몸으로 들어간단다.

50번을 씹어라. 보고 싶구나.

아빠가
1997년 8월 19일

해린*에게(*언니)

아빠는 이제 43살을 넘어섰다. 이 나이가 되면 무엇을 위해 살 것인가, 또 어떻게 살 것인가에 대한 질문이 점점 더 실감 나게 된단다. 앞으로 살아가야 할 시간이 많지 않기 때문이다.

그동안을 돌이켜 보면, 일상의 일을 존중하며 살아왔다는 생각이 든다. 학교 가고, 직장에 나가고, 간혹 너희들과 여행가고, 또 친구들과 만나 술 한잔하면서….

너희들은 아빠에게 많은 즐거움을 주었다. 또 여러 걱정을 슬그머니 던져 주기도 했다. 너희들은 너희 세계를 향해 커 나가고, 아빠는 아빠의 세계 속에서 '매일 조금씩' 나아지는 무엇인가를 만들고 싶다.

그래서 이곳을 떠나게 될 때, 내 삶이 괜찮은 생이었다고 스스로 생각할 수 있게 되기를 바란단다.

무엇이 되었든 자기와의 약속을 지키도록 애쓰거라. 스스로 믿지 못하면, 그 성실성은 아무도 지켜 주지 못한다.

책을 읽어라. 세상을 여러 각도에서 보게 된다. 현재만이 전부가 아니다. 생활은 현실과 상상이 혼존하는 것이다.

네가 그리고 소중하게 여기는 것은 현실로 이루어지게 되어 있다는 것을 명심해라. 유행에 너무 민감하지 말아라. 여자는 조금 유행에 뒤떨어지는 것이 매력적이다.

이것은 남자만이 아는 일이다. 보고 싶구나.

아빠가
1997년 8월 19일

1997년이면 나는 열 살, 언니는 중학교 2학년 때다. 또한 아빠가 지리산에서 한 달간 단식하며 작가로서 새로운 도약을 준비하던 때다. 나는 뒤늦게 '그때 아빠에게 무슨 일이 있었던 거지?'라는 궁금증이 생겼다. 물론 『마흔세 살에 다시 시작하다』를 읽어 보면 아빠는 당시의 심경을 아주 자세하게 기록해 두었다. 그래도 같은 집에 살고 있었는데, 당시를 좀 더 되짚어보면 징조 같은 것이 있지 않았을까 하는 막연한 생각으로 편지 상자를 뒤졌다.

　그 안에는 아빠가 1997년 8월에 보낸 두 통의 편지가 들어 있었다. 편지는 A4 사이즈의 종합장을 찢어 쓴 뒤 두 번 접은 종이 뭉치가 두 개 들어 있었다. 하나는 엄마 앞으로 되어 있었고, 다른 하나는 나와 언니 앞으로 와 있었다.

　아빠는 지리산에서 무슨 일이 있었는지 나에게 대놓고 이야기해 준 적이 없었다. 하긴 열 살짜리에게 모든 것을 솔직하게 이야기하는 것도 좀 우습고, 아마 내가 이해하기 어려운 이야기일 거라고 생각하셨던 것 같다. 나에게는 평소의 다정한 아빠였기 때문에 나도 아빠가 먼저 이야기하지 않는 것까지 캐묻고 싶지 않았던 것 같다. 그래서 아빠가 1997년 지리산에 머물면서 보낸 편지를 발견했을 때의 기억을 되살려 보는 게 의미 있을 거라고 생각했다.

아빠가 한 달 동안 사라졌다가 나타났을 때 우리 집에는 두 가지 변화가 생겼다. 하나는 압력 밥솥에 잡곡밥을 지어 먹기 시작한 것과, 아빠가 새벽 4시에 일어나시기 시작했다는 것이다. 그것은 엄청나게 큰 변화는 아니었지만, 동참하기 어려웠다. 밥에 든 콩을 별로 좋아하지 않았던 나는 아빠가 편지에 쓴 대로 정말 밥을 천천히 먹게 되었다. 그 뒤로 우리 집은 아주 급하게 밥을 지어 먹어야 하는 때가 아니면 계속 잡곡밥을 먹었다. 부엌 한 켠에 곡식을 담는 통이 서너 가지나 되었다. 이후 조카가 태어났을 때 팥과 조가 담긴 곡물통을 가지고 악기를 만들거나 바닥에 흩뿌려 놓고 놀아 주곤 했다.

아빠의 편지는 늘 장난기가 가득했다. 아빠는 장난을 많이 쳤다. 우리 가족은 리액션이 상당히 좋은 편인데, 평소 재미있는 장난과 엉뚱한 이야기들을 많이 나눠왔기 때문인 것이다. 어렸을 때부터 아빠가 가장 친한 친구처럼 느껴진 이유이기도 하다. 우리 집에서는 부모님을 '아빠, 엄마'라고 부르고 (어버이날 카드를 쓸 때는 아버지, 어머니라고 했던 것 같다) 존댓말도 쓰지 않았다. 말에 있어 우리 집은 몹시 수평적이었다.

이 편지를 통해 아빠가 지난 20년 동안, 책에서, 강의에서 이야기하고 싶었던 핵심 메시지는 사실 이 1997년 8월 한 달 동안에 시작되었다는 것을 알 수 있다.

시작이란 아름다운 것이다. 어떤 우연한 계시에 의한 새로운 인생의 시작. 그리고 그 시작점에서 앞으로의 아름다운 20년을 예고라도 하는 듯한 편지 문구. 나는 이 편지를 다시 읽으면서 그때의 아빠 기분을 느껴 본다. 서른 살에도 새로운 도전은 약간 두렵다. 하물며 마흔 살의 도전은? 이제는 정말 마지막 도전이라는 기분이었을까? 그동안 열심히 살아서 '이제는 새로운 도전은 안하려 했는데 아직도 쉬는 것은 안 되는구나!'라고 좀 기운이 빠졌으

려나?

아빠의 첫 책은 불타는 갑판에 서 있는 한 남자가 살 수도 있다는 실낱같은 희망을 가지고 바다에 뛰어드는 장면에서 시작한다. 아빠에게도 그런 시간이 왔던 건가. 내게는 늘 든든한 아빠였는데, 아빠의 내면에는 그런 고민이 있었나 보다. 마지막으로 살기 위해 힘을 짜내고 있었던 것이 느껴져 마음이 짠했다.

나 또한 피할 수 없으리라. 언제가 될지 모르겠다. 마흔세 살보다 빠를 수도, 혹은 그보다 이후에 벌어질 수도 있다. 그러나 나 또한 지금 서 있는 곳이 불타는 갑판이라는 것을 깨닫고, 바다로 뛰어들지 않고서는 그저 죽음뿐이라는 실존적 위기에 맞닥뜨리게 될 것이다.

과거의 아빠가 보낸 편지를 다시 읽는다. 이제는 아빠의 편지이면서, 어쩐지 미래의 내가 보낸 편지같이 느껴진다. 지금은 까마득해도 손에 잡힐 듯이 다가오고 있는 미래의 나에게서 온, 기묘한 기분을 느끼며 편지를 다시 읽어 본다.

# 편지 4: "카르페 디엠, 유식하지?"

해언이에게

생일을 축하해. 아주 특별한 날이야. 함께 저녁을 먹고. 모두 어니(*해언) 생각을 하고.

시간을 내어 선물을 사고. 또 무엇을 살까 하고 머리통이 터질 것 같기도 하고. 가까운 친척과 만나기도 하고,

아주 별미인 무엇인가를 먹기도 하지. 어니에게도, 가족에게도 모두 특별한 날이야, 7월 16일은.

어니는 아빠가 자기를 얼마나 사랑하고 있는지 알고 있을까? 또 엄마가 얼마나 예뻐하는지 알고 있을까?

모를까? 알까? 쌀? 보리? 보리? 쌀?

다시 한번 축하해, 세상에 '뽕' 하고 나타난 날을

엄마, 아빠가.
1998년 7월 16일

ABBA 1998년 8월 2일 (일)

아주 맑다. 푸른 하늘에 하얀 구름이다. 사람들 얼굴도 맑고 밝다. 오늘 성당에서는 기분이 좋아 보이더라. 신기했어? 맨날 일어났다, 앉았다만 했지?

아빠도 처음 가니까, 가만 놓아두질 않더라. 졸지도 못해. 졸 만하면 일어나라고 해서.

친구들도 만나고, 츄러스도 먹고, 가야금도 치고(치나? 뜯나?) 오늘 일요일은 참 좋은 날인 것 같다. 하루하루, 그때그때를 뜻있게 보내는 것이 참 중요하다.

라틴어로 'CARPE DIEM'(카르페 디엠)은 '현재를 잘 보내라'는 뜻이라우. 유식하지?


해니에게

여기부터 시작! 뱅글뱅글 요렇게 읽어야 해.

사랑하는 딸 해언아. 네 얼굴을 떠올리면 즐거워 웃음이 나오는구나. 귀여운 것. 내년부터 '똥3'이 시작되는구나. 정신적으로 많이 클 수 있는 시기니 네겐 참 중요한 때란다. 입시

생이 되어 힘든 시간일지도 모르지만 즐겁게 지내 보자꾸나. 책도 좀 읽고. 아름다운 여인이 되어 가는 것이니 잘 준비해 보아라. 아빠, 엄마는 늘 네가 자랑스럽구나. 예쁘고, 엉뚱하고, 정이 많고, 아주 매력적인 사람이 될 것이야. 꿈 많이 꾸고 꼭 이루어지기를 바란다. 이얍!!! 😊

아빠한테 받은 카드를 정리하다 보니, 엉뚱한 발상과 재미있는 이야기를 나누던 시간이 참 많았음을 알게 되었다.

우리는 카드를 정말 많이 썼다. 특별한 날에 주로 썼지만 아무 이유 없이 쓸 때도 있었다. 자주 쓰는 카드들이지만, 매년 조금은 다르게 써 보려고 노력했다. 말투를 바꿔 보기도 하고, 호칭을 바꿔 보기도 했다. 내가 쓴 편지는 몹시 진지해서 웃기는 부류였고, 아빠의 카드는 장난기가 가득하고 재미있었다. 내용을 읽어보면, 꽤 재미있는 카드가 많이 있다.

우리 부녀는 친구처럼 지냈다. 실없는 이야기를 하고, 작은 고민거리를 털어놓고, 학교에서 들은 웃기는 이야기를 하고, 가끔은 무서운 이야기도 했다. 한번은 목에 점이 없으면 귀신이라는 미신이 초등학교에 퍼진 때가 있었다. 아빠에게 그 이야기를 들려주었더니, '그건 목에 점 있는 애들이 만들어 낸 말 같구나' 하셨다. 너무 재치 있는 대답이어서 나는 그다음부터 그 비슷한 미신은 전혀 믿지 않게 되었다.

유머와 엉뚱한 생각은 하루를 밝게 해 준다. 그것은 세찬 바람 같아서 잔뜩 끼어 있던 먹구름을 잠시라도 멀리 쫓아 준다. 우리는 편지뿐 아니라 실제로도 재미있는 이야기를 많이 나누었다. 평소 생각하던 것들이 모여서 재미있는 카드들로 남은 것 같다. 가족과 함께한 시간을 대부분 재미있는 시간이라고 기억하는 것은 우리가 재미있는 생각과 발상을 가득 담은 하루하루를 함께 보냈기 때문이라고 생각한다.

우리 가족은 리액션이 매우 좋고, 잘 웃는다. 내 친구들은 나와 있으면 갑자기 자신의 유머 감각이 좋아진 것 같다고 한다. 그래도 대부분 낯선 사람들과 있을 때는 점잖게 싱긋 웃지만, 가족끼리 있을 때는 아주 신나는 시간을 보낸다.

신랑은 상대적으로 조용해서, 아직도 엄마와 언니와 내가 모여 있으면 조금 정신없어한다. 요즘은 조카들까지 가세해서 신랑은 처가쪽 모임을 갈 때마다 마음을 단단히 먹고 출발한단다. 그래도 나는 이런 약간의 정신없음 덕분에 가족끼리 있는 시간이 답답하거나 어렵지 않다. 오히려 아주 유쾌하게 한바탕 웃는 시간 같아서 기대된다.

회사에서도 같은 시기에 입사한 동기들이 유쾌하고 잘 맞아, 힘든 일이 있으면 모여서 맛있는 것을 먹고 마구 웃고 날려 버리는 즐거움이 있었다. 이제는 이직한 친구도 있고, 육아휴직에 들어간 친구도 있어서 회사가 예전보다는 심심해진 기분이 든다. 유머를 나눌 친구가 줄어든다는 것은 몹시 안타까운 일이다.

어렸을 때, 언니가 무언가에 매우 들떠 있었고 신이 나 있었다. '아빠, 나 너무너무 재미있어. 아빠는 어때?'라고 했더니 아빠는 '어른이 되면 말야. 아주아주 재미있는 일들은 별로 없단다.'라고 대답했다. 아빠가 작가가 된 것도 '내가 재미있으려면 도대체 뭘 해야 할까?'를 열심히 생각했기 때문이 아닐까?

편지들이 빛을 발휘한 것은 내가 고등학생, 대학생이 되고부터였다. 아빠의 편지는 충고나 제안 같은 것을 담았다. 때로는 '내가 또 뭘 잘못 했나'라는 생각이 들어 편지를 열어 보는 것이 조금 두렵기도 했다. 아마 더 잘하라는 의미에서 주신 편지 같았다. 아빠 입장에서는 바로 말해 주고 싶으셨겠지만, 내가 잔소리로 받아들일 수도 있으니 편지로 주신 것 같았다.

편지는 받는 사람이 원할 때 열어 볼 수 있고, 이야기 주제에 좀 더 일목요연하게 집중할 수 있다는 장점이 있다. 마음이 가라앉고 보면 나를 생각해서 하시는 이야기라는 것을 알 수 있었다. 그래서 힘껏 나쁜 버릇을 바꿔 보려고도 했다.

이 편지 소통은 2006년에 기사로 나갔다. 내 책상에 그때의 신문 기사를 스크랩해 둔 것이 있었는데, 한번은 우리 집을 방문한 손님이 기사를 읽어 보고는 '아이랑 갈등이 생기면 편지로 해결한다니… 거의 불가능한 이야기네요'라고 쓸쓸하게 말한 적이 있다.

부모님과의, 아이와의 소통은 참 어렵다. 나이 차이가 많이 나니 도대체 어떤 방법으로 대화를 시도해야 할지 힌트도 별로 없다. 그럴 때는 하고 싶은 이야기를 담아 아빠처럼 편지를 써 보는 것도 좋을 것 같다. 물론 마음이 전부 다 전해지지는 않지만, 그래도 조금은 차분하게 생각을 전달할 수 있다. 또 편지를 잘 보관하고 있다가 필요할 때마다 꺼내 볼 수도 있다. 편지를 쓰는 것은 작지만 큰 차이다.

이 편지들을 읽으면 내가 받았던 사랑과 따뜻함이 아주 오래되고 순수한 마음이었음을 새삼 깨닫는다. 이런 사랑을 내게 줄 수 있는 사람은 일생에 두 분뿐이다. 나의 가장 친한 친구이자 아빠에게 편지를 써야겠다.

# 편지 5: "빛나는 조연도 좋아"

해언에게

'가을 눈물'이 마음에 걸려 몇 자 적는다. 종일 우울하지는 않았는지 모르겠구나. 꿈 프로그램 때문에 장을 보는 동안 엄마가 네 발표와 관련하여 이야기해 주었다. 애를 써서 네가 주선했는데, 발표를 다른 아이가 하겠다고 하여 네가 실망한 이야기 말이다. 혹시 그런 일이 네게 가을 눈물이 된 것은 아닐까 하여 경쟁에 대해 생각해보았다. 문득 네가 위나 아랫사람들과는 잘 지내는데 네 또래와는 종종 어려운 관계에 처하게 되는 것과도 관련이 있을지 모르겠구나. 인생은 탐험이니까 만나게 되는 여러 가지 일들이 불리하게 보이기는 해도 어려움이 없다면 추억과 재미도 없는 것일 게다.

경쟁을 위한 Tip을 몇 개 적어 보았다.

- 노력했지만 공을 다른 사람이 가져갈 때가 있다. 이때는 흔쾌히 줘라. 이것이 자연의 법칙이다. 10개의 씨앗을 심

었지만 10개 다 잘 자라지는 않는다. 벌레가 먹어 버리기도 하고, 새가 쪼아 먹기도 한다. 가뭄에 타 버리는 경우도 있다. 노력했으나 오롯이 네 것이 되는 경우는 열개 중 네다섯 개 정도면 수확이 좋은 것이다. 찡그리거나 마지못해 주지 마라. 주고도 좋은 소리 못 듣는다.

- 때때로 '빛나는 조연'을 선호하는 것도 좋은 일이다. 늘 주연이 되려 하면 안 된다. 마음 편한 자리는 2인자의 자리다. 이때는 '왜 사람들은 나를 중요한 사람으로 생각해 주지 않을까?'라고 고민해서는 안 된다. 오히려 '내가 중요한 사람이 되려면 어떻게 해야 할까?'라는 질문이 좋다. 2인자는 언제나 자연스럽게 1인자의 자리로 옮겨 갈 때가 많다.
- 경쟁은 다른 사람과 하게 되면 늘 다치게 마련이다. 너는 특히 마음에 상처를 받기 쉬우니, 너를 경쟁 체제로 몰아가지 마라. 우리는 싸움에 능한 사람들이 아니다.
  - 너의 과거와 경쟁해라. 이게 가장 효과적이다. 적도 없고, 마음도 편하고, 매일 나아질 수 있다.

- 최고가 되려 하지 마라. 그러나 그 일을 할 수 있는 '유일한 차별성'을 가지려고 노력해라. 그래야 자연스럽게 너를 찾아오게 된다. 이때 비로소 좁은 경쟁의 치열함을 벗어나 '네 세상' 세상 사람들이 인정해 주는 너의 세계를 갖게 된다.

• 스트레스를 받지 마라. 이게 중요하다. '진다, 이긴다'는 관점에서 보지 마라. 언제나 '배운다'는 관점에서 보아라. 실패가 반복되게 하면 LESSON을 얻는 데 충실하지 않았다는 뜻이다. 성공은 좋은 것이다. 우리는 종종 성공의 맛을 통해 자신감을 얻게 된다. 동시에 실패와 실수는 교훈을 준다. 역시 가장 많이 배우게 해 주는 것은 우리가 '재앙' 혹은 '불운한 일'을 당했을 때 아니겠니? 주어진 상황을 받아들여라. 그러나 그 상황에 대한 REACTION은 우리가 선택할 수 있다. 빅터 프랭클 얘기지? 그 뜻이다.

• 과도한 책임감에 시달리면 안 된다. 종종 책임을 맡아 주역이 되었는데, 사람들이 잘 따르지 않는 경우도 있다. 종종 막중한 짐을 혼자 지려는 경우가 있는데, 그건 위험하

다. 사람들에게 적절하게 일을 그들의 기질과 취향에 맞게 배부하되, 종종 그 일을 나눌 때 비난하거나 공격하지 말고, 그 사람이 그 일을 잘하도록 진심으로 도와주어라. 그게 리더다. 다른 사람을 세워 주어야 결국 내가 서게 된다.

너는 진지한 사람이고, 따뜻하고, 열심히 배우는 사람이고, 이상과 꿈을 가진 사람이다. 내가 보증한다. 종종 현실과 불화할 수 있고, 책임을 앞세우고, 상처를 쉽게 입고, 불뚝거리지만 그것 역시 잘 다스릴 수 있다. 너는 멋진 사람이다. 아빠는 늘 너의 후원자와 지지자라는 것을 잊지 마라.

아빠가.
2008년 10월 9일 새벽

고등학교 때 아주 좋아했던 작가 중에 도스토옙스키가 있었다. 『지하생활자의 수기』와 몇 가지 단편부터, 『죄와 벌』, 특히 『카라마조프가의 형제들』은 그의 소설 중 가장 마음에 드는 것이었다.

러시아 소설은 마의 30페이지라고 해서, 처음에 30페이지를 내리 읽지 않으면 끝까지 읽을 수 없다. 엄청나게 긴 등장인물의 이름과 제각각의 별명 때문에 누가 누군지 알 수 없기 때문이다. 겨우 30페이지를 넘기고 났을 때, 나는 순식간에 19세기 후반 러시아의 시골 지주 카라마조프가 있는 마을에 서 있었다. 표도르, 드미트리, 이반, 알료샤, 스메르자코프와 수많은 인물들이 나오고, 그들 사이에서 그들의 내면과 심리와 감정을 읽고 파국을 맞은 가정사를 바라본다.

책의 마지막 장을 덮었을 때 그 엄청난 양의 소설을 모두 읽었다는 뿌듯함과 함께, 책 속에 나왔던 장면 장면이 머릿속에서 아른거렸다. 마음이 복잡하면서도 깨끗하게 정화되는 것이 느껴졌다.

이런 대작가처럼 되면 좋겠다고 생각했다. 몇백 년, 혹은 수천 년이 지나 얼굴도 이름도 모르는 누군가를 내 글로 감동시킬 수 있다면…. 내가 창조해 낸 세계 속, 그 안에서 온 존재로 갈등을 껴안는 주인공들을 전혀 다른 삶을 살아온 사람들이 사랑스럽게 여긴다면… 이 감동적인 이야기가 모두 내가 만든 것이라면 엄청 나게 뿌듯할 것이다.

나도 스스로가 천재였으면 참 좋겠다고 생각했다. 겉으로는 평범한데, 머릿속에는 엄청난 이야기들이 씨줄과 날줄로 엮이고, 내 이야기를 하면 모두가 깜짝 놀라고 감동받는 그런 작가가 되면 진짜 멋지겠다는 생각을 했다.

그러나 나는 그런 천재도 아닐뿐더러, 없는 이야기를 스스로 만들어 내는 데는 재주가 없다는 것이 여러 실험을 통해 판명났다. 글짓기 수업 같은 것도 참여해 보고, 마음이 맞은 회사 동료와 같이 이야기를 열심히 지어와 공유해 보기도 했으나, 나는 예상했던 대로 평범한 사람이었다. 슬픈 예감은 틀리지 않았다. 그 사실을 완전히 받아들이기까지 훌륭한 이야기들을 읽는 것이 좀 꺼려지기도 했다.

그러나 이런 생각이 완전히 뒤바뀌게 된 일이 있었다. 2014년에 변화경영연구소 연구원 10기 과정에 참여했다. 4명의 선배 연구원과 두 명의 조교가 우리를 이끌어 주었고, 10명의 10기 연구원이 함께 진행했다. 우리는 일주일에 한 권씩 책을 읽고 칼럼 한 편과 북리뷰 한 편을 내야 했다. 읽을 책들은 평소에는 읽기 쉽지 않은 고전이 많았다. 한 달에 한 번씩 오프 모임에서 자신의 내면 탐색과 관련된 숙제가 주어졌다.

우리는 강릉 바닷가에서 자신의 장례식을 치름으로써 새로운 자신을 찾아 나서겠다는 소명 앞에 봉화를 올렸다. 그 후 신화, 역사, 철학, 문학, 위인, 영웅, 미래, 경영, 창조라는 테마를 잡고 한 달에 한 가지 분야의 책을 읽었다. 특히 우리의 북리뷰는 저자에 대한 조사와, 내가 저자라면 어떻게 책을 썼을지에 대해 생각해야 했다. 또한 책을 읽으면서 마음을 무찔러 들어오는 구절들에 대해 읽어야 했고, 왜 마음에 들어왔는지에 대해서도 적어야 했다. 숙제가 엄청 많았다.

이 작업을 하면서 나는 재미있는 시선을 갖게 되었다. 우리가 읽는 책들은 각 영역에서 아주 번뜩이는 시선, 훌륭한 저서를 써낸 사람들의 것이었다. 그 안에는 조셉 캠벨도 있고, 하워드 가드너, 버트런드 러셀, 윌 듀랜트, 니체, 괴테, 제임스 조이스, 융도 있었다. 그동안 내가 피해 다녔던 소위 '천재'들이 대거 서적 리스트의 저자였던 것이다.

숙제로 만났지만, 그들의 책을 묵묵히 읽어 나가다 보니, 아주 기발한 발상으로 새로운 발견을 하고, 정리를 하고, 통념을 부수고, 자유를 찾아낸 과정을 담고 있었다. 과제들을 해 나갈수록 나는 그들의 팬이 되었다. 독서를 통해 저자와 나와의 관계를 만들어 나가기 시작했다. 고민하고 있던 것들, 움츠러들었던 부분들을 책을 통해서 발견하고, 어떻게 이것들을 넘어설 것인지 아이디어를 얻었다.

책은 놀라운 경험을 가져다주었다. 또한 새로이 깨어

난 정신으로 나의 이야기가 담긴 칼럼을 썼다. 천재 저자들은 더 이상 외부에 있지 않았다. 그들의 글이 내 생각 속으로 흘러들어 왔다. 나는 그들의 어깨 위에 섰다. 눈앞에 있던 벽들이 저 멀리에 보였다. 함께 바라본 경치는 아주 좋았다.

2008년 아빠가 준 편지를 읽을 때만 해도 나는 아빠가 말씀하신 '어제의 나와 경쟁하라'는 말의 의미를 100% 알지 못했다. '어제의 나와 경쟁하라는 것'은 다른 사람과의 경쟁에서 내가 졌을 때 마음의 위안을 주는 정도라고 생각했다.

그러나 연구원 수업을 해 보니, 다른 사람의 글을 많이 읽어 보는 것이 나를 발전시키는 데 엄청나게 중요한 일이었다. 졌다, 이겼다가 아니라 얼마나 배워서 나아질 수 있는 점을 많이 가져와 적용할 수 있는지가 재미있는 부분이었다. 그런 시각은 상대를 경쟁자로 보지 않고 배울 점이 있는지의 시선으로 보아야 가능했다.

우리는 다른 사람을 통해 모르고 있던 것을 배울 수 있는 재미있는 능력이 있다. 공감, 감정, 이성을 활용해 몰랐던 부분을 개선시킬 수 있다. 천재를 배척하다니, 얼마나 불행한 바보인가! 나는 그동안 바보였다.

모든 사람은 각자의 유일성을 가지고 있다. 모든 인간은 세상에 단 한 명밖에 없기에 존엄성을 갖는다. 아무리 대단한 사람을 좋아한들, 우리는 그 사람이 될 수 없다. 또한 아무리 노력해도 모든 분야에서 나보다 더 잘하는 사람을 만날 수밖에 없다. 그것이 평범한 사람들의 슬픔이다.

우리는 최고가 될 수 없을지도 모른다. 그러나 천재 또한 내가 될 수 없다. 그렇다면 나에게 맞는 유일함을 찾아야 한다. 그런데 이 유일함이 마음을 끌고 감동을 주는 '차별성'을 갖추려면 기존에 내가 가지고 있는 것보다 더 많은 소스가 있어야 한다. 순수한 나의 생각과 경험뿐만 아니라 최고의 것들을 끌어모아야 한다. 부지런히 읽고 공부하고, 배워야 한다. 어제보다 더 나아지는 것에 초점을 맞춰야 한다. 그것은 나에게 주어진 책임이자 의무이다. 그것이 소명이다. 성장은 승리보다 더 귀중하다. 성장은 모든 사람 앞에 평등하다.

또한 주변에 더 많은 사람들을 둘 수 있다. 나보다 더 나은 사람과도 평등한 친구가 될 수 있다. 나는 그저 평범한 사람이다. 큰 책임을 혼자 다 질 수도 없고, 그것을 기대하는 사람도 없다. 함께 일을 처리하며 다른 사람과 동료가 될 수 있다. 다른 사람들이 설 수 있도록 진심으로 도와주면 나를 동료로 바라보게 될 것이다. 멋진 아이디어를 구현해 내는 천재들 또한 영감과 구체적 실행 방법을 통해 나를 돕는다. 그들은 배척해야 할 대상이 아니라 배울 수 있는 사람들이다. 그것은 정말 멋진 발상의 전환이다.

아빠는 다른 사람과 나 사이에 건실한 다리를 놓는 법을 알려 주고 싶으셨던 것 같다. 아빠가 그렇게 많은 사람들과 멋진 인연을 맺은 것은 모두 이런 발상을 가지고 계셨기 때문이라는 것을 안다. 실천하는 것이 쉽지는 않지만, 일생 동안 실험해 볼 좋은 목표다. 오래된 편지를 꺼내 보며 나는 조금 더 자신을 좋아할 수 있는 방법을 배운다.

# 5
## 아빠의 서재

From ABBA
1998년 8월 2일 (일)

아주 맑다. 푸른 하늘에 하얀 구름이다. 사람들도 옷차도 맑고 밝다. 오늘 성당에서도 기분이 좋아보이더라. 신기한가요? 매일 일이 났다 많았다면 좋을지? 아빠도 허리 아프니까, 가만 놓아 두질 않더라. 졸지도 못허고. 즐겁하며 일어나라 허네.

*post card*

친구들도 만나고, 훌라이도 먹고, 가야금도 치고 (치나 뭐나?) 오늘 일요일은 하나에게 참 좋은 날 인것 같다. 하루하루, 그때 그때를 뜻있게 보내는 것이 참 중요하나. 라틴어로 'CARPE DIEM' (카르페 디엠)은 '현재를 잘 보내라' 라는 뜻이라우. 맞석하지?

To 하나에게

방을 나와 서재로 갔다. 아빠의 의자에 앉아, 이곳에서 매일 작업하던 아빠를 떠올려본다.

두 면이 책으로 둘러싸인 공간이 자유와 창조, 사상의 놀이터로 서서히 바뀐다. 오디오에서는 마리아 칼라스의 아리아가 흘러나온다. 바흐의 골드베르크 연주곡이나 카잘스의 무반주 첼로곡이 나올 때도 있었다. 아빠는 이곳에서 다양한 저자들을 만났다. 그들의 책을 읽고, 탐구하고, 연구하고, 실험하고, 적용하셨다.

창문을 향해 있는 책상에서 글에 집중하는 아빠가 보이는 듯하다.

## 저자 1. 레이첼 나오미 레멘

나에게는 친조카가 둘 있다. 올해 큰조카는 일곱 살, 둘째는 다섯 살이다. 어쩌다 아이들에게 아빠에 대해 말할 때가 있는데, 그때는 아빠를 '네쉬메레 할아버지'라고 부른다. 네쉬메레는 '사랑스럽고 작은 영혼'이라는 뜻의 히브리어다. 이렇게 부르게 된 데에는 한 책이 큰 영향을 끼쳤다.

아빠는 언니와 나에게 잔소리로 여겨질 만한 것들은 거의 말씀하시지 않으셨다. '책 좀 읽어라'라고도 말씀하시지 않으셨다. 그러나 가끔 아침에 일어나 보면 책상 위에 책이 놓여 있었다. 아무리 봐도 아빠 말고는 그럴 사람이 없었다. 간단한 메모가 들어있는 경우도 있었다. 외모도, 성향도 매우 다른 두 딸에게 각자 필요하다고 생각하는 책을 주셨던 모양이다.

언니가 아기를 가졌을 때 아빠는 『할아버지의 기도』라

는 책을 선물했다. 대부분 대화로 이루어진 저자의 짧은 경험담이라 읽기 쉬웠다. 느슨한 카테고리로 나뉘어 있지만, 마음을 울리는 이야기들이 가득해서 어느새 눈가를 훔치며 읽는 책이다. 의사인 언니에게는 저자가 의사라는 점에서 더 공감이 갔던 것 같다. 의사로서의 저자가 만났던 환자들의 이야기도 담겨 있지만, 이 책에서 가장 감명 깊은 지혜를 보여 주는 장면들은 저자의 외할아버지와의 대화다.

러시아 이민족이었던 그녀의 외할아버지는 카빌라 랍비였다. 그는 어려움을 어려움으로 보지 않고 단순한 행동의 이면을 보여 주었다. 나는 여러 장면에서 외할아버지의 지혜가 손녀에게 아주 멋진 이야기로 남겨진 것을 찾아낼 수 있었다.

멋진 장면 그 첫 번째는 외할아버지가 갓 태어난 손녀에게 축복을 빌어주는 장면이었다. 미숙아였던 저자는 한동안 인큐베이터에 있었다고 한다. 그때 유리창 밖에서 외할아버지는 히브리어로 아기를 축복해주었다. 축복을 통해 외할아버지와 손녀 사이에 처음으로 관계가 형성되었다. 세상에 태어난 것과 같은 새로운 순간을 맞이할 때, 본인은 느끼지 못할지라도 거기에는 특별한 축복이 존재한다.

그 후 아기가 자라자 외할아버지는 손녀에게 '셰마'라는 말을 알려주었다. 전통적으로 셰마(들어라. 이스라엘아, '너희 주 하느님께서는 유일하신 분이시다'란 뜻)는 유태인들이 위험이 닥쳐왔을 때나 죽음의 순간에 읊는 성경 구절이라고 한다.

두 번째는 식물 기르기에 대한 이야기였다. 어느 날 외할아버지는 대여섯 살쯤 된 손녀에게 흙이 담긴 종이컵을 선물했다. 그러고는 매일 작은 장난감 찻잔으로 물을 주면 신기한 일이 생긴다고 알려 주었다. 삼 주 정도 물을 주자 컵 속에서 싹이 돋았다. 손녀가 신기해하며, "식물을 자라게 하는 것은 물인가요?"라고 묻자 외할아버지는 생명을 자라게 하는 데 꼭 필요한 것은 성실함이라고 대답했다. 이 이야기는 거리에서 화분을 볼 때마다 떠오른다.

꾸준함, 성실함이 변화를 가져온다는 강력한 증거를 우리는 식물을 기르며 찾을 수 있다.

세 번째는 '레치얌'이라는 건배사를 알려 주는 장면이었다. 여섯 살이던 손녀가 외할아버지와 오래된 책 구절을 암송하는 일에 흥미를 느끼지 못하고 힘들어하자 외할아버지도 포도주를 조금 뇌물로 주었다고 했다.

나도 초등학생 때 아빠가 도수가 높지 않은 술을 조금 주신 일이 몇 번 있어서 이 장면에서 웃음이 났다. 어렸을 때는 어른들이 술을 맛있게 마시면서 서로 즐거워하는 것을 보면 자기도 거기에 껴보고 싶었던 것 같다.

레치얌은 '삶을 위하여'라는 뜻인데, 행복한 삶이 아니라 그냥 '삶을 위해서'라는 뜻이다. 힘들고 고통스럽고 부당한 삶이더라도 삶은 그 자체로 거룩하고 축하할 만한 일이라는 것이다. 외할아버지는 포도주 향의 달콤함을 맛볼 때마다 우리 삶이 그 자체로 축복이라는 것을 느끼게 된다고 말씀하셨다.

솔직히 이스라엘 전반의 국가 방향성에 완전히 동의하

기는 힘들지만, 최소한 그 민족이 천 년이 넘는 세월 동안 긴 고난 속에 있으면서도, '삶을 위하여!'라고 건배를 해 왔다는 것은 대단한 내공이 느껴지는 부분이다.

세 장면을 통해 삶의 새로운 차원과 모습을 알려 주려고 하셨던 아빠가 떠오른다. 국어사전에 따르면 '신비'는 보통의 이론이나 상식으로는 도저히 이해할 수 없을 만큼 신기하고 묘한 것들, 비밀들을 말한다.

저자의 외할아버지와 나의 아빠에게는 분명한 공통점이 있다. 두 사람 모두 삶 속에서 일어나는 많은 일들 속에서 신비로움을 발견하고, 일깨워주는 역할을 해준다는 것이다. 그것은 때로 지혜가 되고, 용기가 되어 나의 삶을 지탱해 주었다.

나는 시도했던 일이 늘 잘되지는 않았다. 초등학생 때 국악 전문 학교에 들어가려 했지만 잘 되지 않았고, 대학 입학 때도 꽤 많은 대학교에서 고배를 마시고서야 합격했고, 입사도 당시 본격적으로 시작되던 취업난 때문에 간신히 직장인이 되었다. 이후에도 다양한 이유로 자리를 잡지 못하고 여러 부서를 전전했고, 승진도 한 번 누락됐었다.

당시 쓴 일기를 읽어 보면 세상 끝난 듯한 허무함과 슬픔이 담겨 있다. 그럼에도 그런 시간들이 있어 지금의 나도 있다. 실패는 사람을 밑바닥까지 헤집어 놓고 지금까지와는 다른 시선을 갖게 해 주며, 주변을 돌아보게 만든다. 다른 사람들에 대한 연민을 갖게 해 준다. 그러니 지나고 나면 그렇게 나쁜 것만은 아니라는 것을 알게 된다.

언니는 배 속의 아기에게 책을 읽어 주었다. 아기가 태어나서도 '네쉬메레'라는 단어에 얽힌 멋진 이야기를 여러 번 들려주었다. 언니의 두 아이들, 인아와 시우는 태어났을 때 모두 바로 엄마와 함께 있지 못했다. 둘 다 인큐베이터에서 꽤 오랜 시간을 있어야 했다. 유리창 너머로 아주 조그만 아가들이 혼자 고통 속에서 누워있는 것을 보면 마음이 아팠다.

그때 많은 축복을 받아서인지 이 사랑스럽고 작은 영

혼들은 지금 잘 자라고 있다. 그들의 앞으로의 삶도 이 축복이 함께하길 바란다. 네쉬메레들에게, 레치얌! 삶을 위하여. 네쉬메레 할아버지는 늘 너희와 함께 계신단다.

## 저자 2. 다산 정약용

나는 다산 초당을 세 번 방문했다. 처음 갔을 때는 초당이 있는 산 아래 숙소에서 묵었다. 해가 지자 일행과 숙소를 빠져나와 스마트폰 플래시에 의지해 가파른 산길을 조심조심 올랐다. 매우 맑은 가을밤이었다. 칠흑 같이 어두운 숲 위로 별들이 반짝였다. 그곳은 외롭고 좁았다. 희망은 별처럼 아득히 멀게 느껴졌다.

    두 번째는 아침 나절에 갔다. 초당 옆 천일각에서 '아홉 물줄기가 만난다'는 구강포(포구가 없어진 지금은 강진만이라고 부른다.)를 바라보았다. 아래쪽 완도부터 내륙 쪽으로 직선거리 약 30킬로미터 안으로 들어온 만이라 바다라도 호수처럼 잔잔하다. 안내 표지판에 '다산은 이곳에서 흑산에 유배 간 둘째 형 약전을 그리워했다'고 쓰여 있었다.

그다음 우리는 좁고 오르락내리락 하는 산길을 따라 백련사에 갔다. 다산은 유일한 말벗이었던 백련사의 혜장 스님을 만나러 갔을 것이다. 아직 동백이 좀 남아 있었다. 붉은 꽃은 등잔처럼 피어 있었고, 검은 이파리에는 윤기가 흘렀다. 1년간 함께 공부했던 친구들과 책을 꼭 내자는 기원을 기와에 적었다.

그리고 어느 겨울 해가 지기 직전에 다산 초당으로 갔다. 이 날은 몹시 을씨년스러웠다. 내 또래의 젊은 커플이 많았다. 다들 초입에 '다산초당 여기서 0.3km'라고 적힌 푯말에 넘어가 올라온 것 같았다. 안내판과는 달리 초당에 오르는 길은 굵은 나무뿌리와 뾰족한 바위가 어지럽게 얽혀 있는 가파른 비탈길이다. 이 때문에 몹시 속은 듯한 기분이 든다.

흐린 황혼은 몹시 어두워서 잠시 천일각에 앉아 있다

가 내려왔다. 초당은 등 뒤에서 멀어져 갔다. 산 밑에 거의 다 내려 왔을 때 비가 쏟아졌다. 외투에서 물방울을 털어 내고 아늑한 차에 타자 그제야 마음이 가라앉았다.

적막 같은 고독함, 한낮의 상념, 돌아갈 곳 없는 상실감. 그 안에 한 남자가 있었다. 툇마루에 앉아 있는, 천일각에 서 있는, 백련사 오솔길을 걸어가는 한 사람이 있었다.

그는 천재였다. 아주 어렸을 때부터 총명했다. 시도 곧잘 지었다. 소년이었을 때 이미 『삼미집』이라는 시집을 냈다. 엘리트 코스를 밟아 스물여덟에 벼슬길에 들었다. 20대에는 뛰어난 문인들과 '죽란서사'라는 모임도 만들었다. 30대의 그는 거중기를 만들어 수원화성을 지었다. 정조는 정약용을 중용했다. 그의 성공 가도는 끝이 보일 줄 몰랐다.

그러나 정약용이 서른아홉이 되던 날 정조가 승하하면서 그를 지켜 주던 군주는 사라졌다. 1801년 신유박해와 큰형 정약현의 사위인 황사영의 백서 사건이 나고 집안은 풍비박산 난다. 그는 먼 강진으로의 귀향길에 올랐다. 나주 율정 삼거리에서 형 정약전과 헤어지며 그는 오열했다. 강진에 와서도 가족들이 보내 준 밤 한 자루에 그는 마음이 먹먹해졌다. 모든 것이 끝났다.

그러나 그의 목숨은 아직 다하지 않았다. 그는 무너지지 않았다. 너럭바위 위에서 솔방울을 태워 차를 달이고, 차나무를 가꾸고, 제자를 기르고, 전투적으로 집필을 시작했다. 그는 두 아들에게도 폐족의 처지에 대해 잘 대처하는 것은 오직 독서하는 것 한 가지뿐이라고 학업을 독려했다. 특히 뜻도 모르고 그냥 읽기만 하는 것은 진정한 독서가 아니며, 벼슬을 목표로 하지 않아도 공부한 것은 없어지지 않으니 글을 놓지 말고 학업에 정진하라 당부했다.

『목민심서』를 '심서'라고 이름붙인 이유에 대해 그는 이렇게 말한다. 백성을 다스릴 수는 없지만 어떤 마음으로 그들을 다스려야 할지에 대해 정리해 심서라고 이름 붙였다고 한다. 슬프지만 그는 17년의 유배 생활에서도 패배하지 않았다.

다산초당 툇마루에 앉아 있던 세 번의 시간을 떠올린다. 몇백 년 전 그곳에 있던 한 중년의 명민한 남자가, 자신과 자신이 처한 현재의 처지에서 최선을 다했던 그 절박함을 헤아려 보면 힘껏 배우지 않으면 안 되겠다는 생각이 든다.

아빠는 하루 종일 집에 계시는 날이 꽤 있었다. 옆에서 보기에 바빠 보이는 날은 그다지 많지 않았다. 뒹굴뒹굴 책을 읽으며 밑줄을 치고, 중얼중얼 외울 때까지 암송하고, 그것을 적용해 보고, 책에 썼다. 아빠는 거의 1년에 한 권씩 책을 냈다. 어떻게 그렇게 매년 책을 쓰실 수 있는지 궁금했다. 아마 끊임없이 공부를 하셨기 때문인 것 같다. 아빠는 '다산의 공부법'을 다섯 가지 단계로 정리해서 적용하셨다.

첫 번째는 박학으로, 좋은 책을 두루 읽는다.
두 번째는 심문이다. 심문하듯이 깊게 물어보아야 한

다. 책을 읽으면서 작가에게 늘 물어본다.

세 번째는 신사다. 아주 신중한 생각이란 뜻이다. 심문을 하고, 그 질문에 대한 답을 바로 찾을 수 없더라도, 계속 이에 대해 생각하다보면 그 답이 튀어나온다.

네 번째는 명변. 명백하게 분별하다란 뜻이다. 명백하게 분별하여 행동의 기준이 되어야 한다. 공부한 것을 삶을 통해서 이루어 가야 한다. 지식이 신념이 되지 않으면 칭찬하기 어렵다. 옳은지 그른지에 대한 명백한 기준을 세워, 행동하는데 도움이 되지 않으면 공부는 아무 소용이 없다.

마지막은 독행. 삶은 실천으로서만 드러난다. 삶 속으로 명변한 것을 가지고 들어오는 것이다. 명변에 이르러 스스로 확고하면 독행으로 옮겨갈 수 있다. 오직 진실하고 성실한 마음으로 실천한다. 그리하여 좋은 삶으로 바뀔 수 있다.    - 유튜브, 구본형의 마지막 수업, 2013.1.3

아마 사람들에게 아빠의 책이 의미가 있었던 것은 모든

책이 자신의 변화에 대한 이야기로 가득했기 때문일 것이다. 아빠는 늘 좋은 생각을 자신에게 먼저 실험해 보고 스스로 변화했을 때 그것을 책에 쓰신다고 하셨다. 고요하고 평온해 보이는 그 이면에서 질문과 답, 분별과 적용이 일어나고 있었던 것을 생각하면 그 과정을 옆에서 지켜봐 왔다는 사실에 괜히 두근거린다.

## 저자 3. 이순신

"… 이곳에 와서 무엇을 보겠다고 기대하고 찾지는 말아라. 아무것도 볼 게 없다. 이곳에 와서 무엇인가를 들으려고도 생각하지 말아라. 그저 바람이 녹나무를 흔들며 지나는 소리 밖에는 없다. 그렇다고 해도 후회하지 않을 것이다. 그대는 보이지 않는 것을 볼 수 있을 것이다. 한 사람의 마음과 그가 칼을 차고 언덕에 서서 그 둥그런 섬들을 그물처럼 세심하게 보고 있는 모습을 느끼게 될 것이다. 그냥 그렇게 되돌아갈 수는 없으리라. 오후 5시에 이곳에 오면 충무공의 정기를 느낄 수 있으리라. 그리고 그대가 그의 후예임을 깨닫게 될 것이다. (p.107, 구본형, 떠남과 만남, 2000)"

고금도 충무사에 갔다. 늦은 오후였다. 이끼 낀 돌계단을 올라 사당으로 들어갔다. 바람이 나무들을 스치는 소리뿐, 아무 소리도 들리지 않았다. 마침 썰물 때여서 파도 소리조차 들리지 않았다. 그러나 그곳의 공기는 무거웠다. 사당 건너편에 소나무 숲이 보이고, 이순신 장군의 시신을 잠시 봉안했던 자리가 보였다. 함께 간 사람들과 계단에 앉아 『떠남과 만남』의 충무사 대목을 함께 읽었다.

자신이 막지 못한다면 국운이 끊긴다는 거대한 압박감, 미래를 대비해 남도 구석구석 조사하고 비축하는 성실함, 전승을 위한 치밀한 전략을 만들어 가던 긴 시간들. 그 사이사이 스며들어 있는 가족에 대한 걱정과 전사한 아들에 대한 아비의 마음.

그곳은 『난중일기』를 읽으면서 장군의 하루하루를 따

라가다 보면 만나게 되는, 그의 시간들의 무게가 느껴지는 공간이다. 대장으로서 전장에서 전사한 그의 마지막 날숨과 같은 안식이 있는 곳이다. 성웅 이전의 한 남자에 대한 기억이 더욱 선명하게 가슴으로 다가온다. 그곳에 볼것은 아무것도 없지만, 텅빈 곳을 가득 채우고 있는 무언가가 마음을 차분하고 깨끗하게 만들어 준다.

충무사를 방문한 뒤 나는 시계를 좀 더 앞으로 돌려 장군이 지휘하던 장소에 가보고 싶었다. 차를 몰아 명량 대전의 배경이었던 울돌목(명량)으로 갔다.

해남 시는 바다 기슭에 '고뇌하는 이순신'이라는 동상을 세워 두었다. 바닷바람에 옷자락이 나부끼는데, 바다를 바라보며 생각에 잠겨 있는 한 남자의 뒷모습의 형상이다. 그 뒷모습을 보고 있자니, 살아 있는 이순신 장군의 모습이 조금 더 구체적으로 그려지는 듯한 기분이 들었다. 진도대교 아래에 위치한 명량 해협은 내가 찾아간 날도 바람이 거셌다.

울돌목. 소리 내어 우는 바다 길목이란 뜻이다. 묘사적

표현이라고 생각했는데 정말 묘한 바다였다. 해남 기슭 5미터까지는 물이 오른쪽으로 흐르고, 10미터쯤부터는 물이 왼쪽으로 흘렀다. 또한 진도 기슭 쪽은 다시 오른쪽으로 흐르며 해류가 복잡하게 얽혀 곳곳에 소용돌이가 생긴다. 강풍이 불어 제대로 서 있기도 힘들었는데, 그 바람결에 사람들이 울부짖는 듯한 소리가 들렸다! 마침 조업을 마친 어선 한 척이 진도대교 아래를 질러 가길래 관찰해 보니 배가 자기 동력으로 나가는 게 아니라 급류 위에 얹혀 가는 듯이 보였다. 동양 내 최대급 유속 중 하나라고 한다. 이런 자연환경을 완전히 이용하여 이순신은 단 12척으로 세키부네 330척을 물리쳤다.

『난중일기』의 사려 깊지만 담백한 무거움을 따라가다 보면, 이순신 장군이 얼마나 성실했는지 알 수 있다. 모든 것의 기본인 하루를 허투루 살지 않는 것임을 여실히 보여주었다.

전라남도 해안선을 따라 여행하다 보면 '이순신'과 관련된 사적이 없는 곳이 없다. 실로 그는 정말로 그 넓은 남해안을 완전히 장악하고 파악한 뒤 전략을 만들었다. 그는 하루하루를 기록하여 남겨 두고 그 기록을 토대로 미래를 대비했다. 이순신 장군은 임진왜란 중에 단 한 번도 패배한 적이 없다. 그 어떤 전쟁사에도 그런 기록은 없다.

『난중일기』를 읽기 전에도 이순신에 대해서는 꽤 많은 기억이 있다. 광화문 네거리에 이순신 장군 동상이 있고 100원짜리 동전에도 장군이 있다. 또 충남 아산의 충무공 묘지에도 가보고, '명량'이라는 영화도 보았다. 대부분 '그는 진정한 영웅이었다'라는 결말이었다. 나와 같은 사람이 아니라 조선을 수호하는 수호신 같은 이미지였다.

그래서 『난중일기』와 고금도 충무사와 울돌목에서 만난 이순신은 내게 좀 더 살아 있는 인간으로 보여졌다. 나와 같이 피가 흐르고, 심장이 뛰며, 두려움을 알고, 자신의 한계도 알고 있는 사람. 그러나 결정적으로 평범하지 않은 점이라면 그는 매일을 그냥 보내지 않았다는 것이다. 나는 그의 여러 모습을 통해 나의 삶도 스스로 개척할 수 있다는 용기와 의지를 얻는다.

아빠의 연구원 필독서 목록에는 『난중일기』가 꽤 자주 들어가 있었다. 『난중일기』를 읽고 성실함의 중요한 차이를 알려 주고 싶으셨던 것이 아닐까. 다행히 나라의 존망 같은 엄청난 책임은 아니지만, 최소한 우리는 자신의 삶을 개척해야 하는 책임을 갖고 있다. 광화문 네거리를 건너며 그 의미를 마음에 새겨 본다.

## 저자 4. 라이너 마리아 릴케

릴케의 『젊은 시인에게 보내는 편지』는 아주 얇고 가볍다. 가방에 쏙 넣어 가지고 다니면서 읽기 좋다. 제목 그대로 릴케가 시인 지망생이었던 프란츠 카푸스에게 보낸 편지 묶음집이다.

릴케는 장교가 되길 바란 아버지의 뜻을 따라 육군사관학교에 다니다 중퇴했다. 카푸스에게 보낸 첫 편지를 보면 이 시인 지망생 또한 육군사관학도여서 릴케는 자신의 과거에게 이야기 하는 듯한 마음이 들었을 법하다.

이 편지는 아빠의 'EBS 고전읽기'에도 들어있던 커리큘럼 중 하나였다. 낭독을 듣고 있으면 어느 새 릴케의 깊은 격려에서 희망을 찾곤 했다.

나는 끈기 있게 하나를 파는 게 너무 어렵다. 호기심이 많아 해 보고 싶은 것은 잔뜩이지만 어느 것 하나 진득하게 계속하지 못하고 늘 도중에 그만두었다. 그것들은 더 이상 연주하지 않는 악기, 신지 않는 운동화, 잊어버린 춤으로 남아 있다.

그렇게 많은 것을 시작했다가 사장시켰지만 한 가지 완전히 포기하지 못한 것이 있었다. 글쓰기였다. 그러나 글쓰기도 그렇게까지 진지하게 생각하지는 않았던 것 같다. 릴케처럼 '정말 글을 써야만 하는가?'라고 자문해 보았을 때 '글쎄, 책이라도 쓰면 꽤 쿨하겠네.' 정도로 생각했던 것 같다.

그 후 본격적인 글쓰기를 연습했던 것은 2014년이었

다. 변화경영연구소 연구원 10기를 하면서 일주일에 하나씩 칼럼을 써야 했다. 매주 일정하게 글을 쓰는 연습은 정말 힘들었다. 연구원을 하기 전에는 느닷없이 좋은 글감이 생각나면 그럴 때 한 번씩 글을 쓰곤 했었다. 연구원 칼럼으로 쓴 그 결과물들은 생각보다 실망스러웠다. 끙끙대며 썼는데도 나중에 읽어 보면 대부분 너무 무겁거나 거칠고 성급해 보였다. 그래서 아빠에 대한 책을 쓰게 된 것도 '이게 어찌 된 일인가' 싶다.

시작은 연구원 동기와 장난스럽게 '자투리글 구조대'를 만들면서였다. '우리 그래도 1년 동안 정말 열심히 글을 썼는데, 이대로 흘려보내려니 아깝다. 하루에 몇 줄이라도 쓰자. 아까우니까 그냥 버리지 말고 어떻게든 살려 보자'는 가벼운 마음이었다. 뭘 하면 좋을지도 잘 몰라서, 부담되지 않게 매일 밤 10시 반에 다섯 줄짜리 글을 올리기로 했다. 일기 같은 것이었다. 또 우리는 통화를 많이 했다. 별 대단한 이야기 없이 지금 쓰고 있는 주제와 장애물에 대해 이야기했다. 그때는 차로 출퇴근을 했는데 한 시간은 족히 걸리는 퇴근길에 동기는 좋은 말벗이 되어 주기도 했다.

그러던 어느 날 홍지동 우리 집을 사겠다는 사람이 나타났다. 팔리고 나면 이제 그 집은 우리 집이 아닌 것이었다. 그곳에서 좋았던 기억들도 다시는 보지 못할 것이다. 거스를 수 없는 흐름이었다. 이제 내가 기억해 주지 않으면 거기에 머물렀던 시간은 없었던 것이나 다름없게 된다.

나는 그런 이야기들을 동기에게 털어놓다가 나 스스로가 그렇게 집과 얽힌 기억을 흘려보내는 것을 몹시 싫어한다는 것을 깨달았다. 기록하지 않으면 잊힌다. 내가 그렇게 좋아하던 아빠도, 함께 살던 예쁜 집도 잊고 싶지 않았다. 나는 그렇게 내버려두어선 안 된다는 것을 깨달았다. 그곳에 있었던 시간을 완벽하게 기억해 내야 했다. 전에 연구원 수업을 할 때도 '아빠에 대한 글을 써 보라'는 제안이 꽤 많았지만 그때는 그게 그렇게 큰 의미를 가진다고 생각지 않았다. 그러나 이제는 많은 것이 변했다.

깊은 그리움과 잊고 싶지 않다는 절박함으로 시작한

일이건만, 중간중간 글이 잘 풀리지 않을 때가 많았다. 애써서 써도 글이 엉망이라고 느껴지곤 했다. 그럴 때마다 내가 몇 번이고 다시 읽은 책이 바로 릴케의 『젊은 시인에게 쓰는 편지』이다. '친애하는 카푸스 씨'로 시작하는 이 맑고 진지한 편지를 읽다 보면 나는 최고의 격려를 받은 것 같았다.

릴케는 모든 질문의 답이 자기 자신 안에 있음을 알고 있었다. 자신에게 계속 질문해서 끝내 답을 찾아내는 것이 긴 글쓰기 과정이라는 것을 그는 알려 주려 했다. 답을 바로 찾을 수는 없을지 모르지만, 살면서 질문을 잊어버리지만 않으면 언젠가 그 답 속에서 살고 있는 자신을 발견하게 될 것이라고 그는 말했다.

내게 주어진 대부분의 업무들은 꼭 내가 아니더라도 누군가 할 수 있는 것들이다. 나는 조직의 톱니바퀴로 대부분의 시간을 살고 있다. 그럼에도 불구하고 나밖에 하지 못하는 운명적인 일도 하나 있다. 내가 기억하는 것, 내가 느꼈던 것, 내가 사랑하는 것들을 추억하는 일은 나밖에 할 수 없다. 나는 어느 장면 하나 놓치고 싶지 않았다. 함께했던 하루하루가 절대로 잊히지 않길 원했다. 아무리 상황이 변해도 이 따뜻한 감정과 느낌이 여전히 강렬하게 내게 남아 있다는 것을 증명하고 싶었다.

금방 포기하는 사람에게도 지키고 싶은 것은 있다. 실수하고 실패하더라도 다시 도전하게 만드는 것은 있다. 깊은 밤 나는 지금 홀로 깨어 있다.

나에게 묻는다. 나는 글을 써야 하는가? 네. 왜냐하면 내가 쓰고 있는 것들이 내게는 너무나 소중하기 때문입니다.

## 저자 5. 조셉 캠벨

대학생이었을 때 아빠의 서재에 있는 조셉 캠벨의 책을 보게 되었다. 『신화의 힘』이라는 제목이 나를 끌어당겼다. 어렸을 때부터 옛날이야기를 좋아했다. 집에 그리스 로마 신화, 중국 민화, 별자리 이야기, 식물에 얽힌 이야기

모음집 등 이야기책이 많았는데, 재미있어서 몇십 번씩 읽고는 했다.

특히 신화가 사라진 시대에 살고 있는 것이 유감스러웠다. 신비한 힘을 지닌 존재를 만나는 것은 아주 멋진 일일 거라 생각했기 때문이다. 그랬기에 『신화의 힘』서문에 잊고 있던 옛이야기들이 아직도 우리 삶에 영향을 끼치고 있다는 문장이 몹시 인상적이었다. 도대체 '어떻게 이런 터무니없는 이야기가 우리 삶과 연결되어 있다고 믿게 만든 것인가?' 하는 의문이 들어 읽어 보고 싶었다.

아빠는 좋은 책이라고 하시며 빌려 주셨다. 처음에는 그의 이야기들이 무슨 말인지 이해하기 어려웠다. 그러나 페이지마다 일상 속의 의례나 상징물이 가지는 의미와 개념이 천천히 살아나고, 다른 나라 신화가 예시로 쏟아져 나왔다. 논리로 이해하는 것이 아니라, 상징과 의미로 꿰어지는 것이었다.

조셉 캠벨의 설명에 의하면, 수천 년 동안 인류가 짓고 다듬었던 지구상의 모든 유물과 유산들이 동일한 원천을 가지고 있었다는 것이다.

나도 모르게 페이지가 계속 넘겨졌다. 특히 내가 좋아하는 챕터는 영웅의 모험 부분이었다. 아무도 알지 못하는 어두운 숲으로, 미지의 세계로 모험을 떠난 영웅은 자신 안에 있던 힘을 찾아내 괴물을 물리치고 고향으로 되돌아온다. 캠벨은 이 영웅의 여정을 소개하면서 우리 또한 '마음속에서 들리는 깊은 목소리를 따라 자신의 삶을 살아야 한다.'는 말을 전한다. 그 과정에서 신화의 역할은 우리가 모험을 받아들이도록 만드는 것이라고 했다.

그의 메시지는 그대로 나의 20대를 흠뻑 물들였다. 그 후 나는 늘 조셉 캠벨의 책을 가지고 다녔다. 시험이나 교환학생처럼 큰 변화와 도전을 눈앞에 두고 있을 때는 특히 더 챙겼다. 현실 속 난관들에 지지 않도록, 설령 지더라도 내면의 목소리를 듣는 것을 포기하지 않도록 부적처럼 가지고 다녔다.

그의 책에서 다루고 있는 신화 속 영웅 이야기를 따라가다 보면, 내 안에도 잠자는 어린 영웅이 있다는 것이 느꺼진다. 엉망진창으로 실패해 나뒹굴고 있을 때도 내 안의 영웅과 함께한다면 최소한 두렵지 않다. 나는 이야기를 읽으며 오디세우스가 되었다가, 이카루스가 되고, 스티븐 디덜러스가 된다. 루크 스카이워커가 되고, 슈퍼맨도 되고, 스파이더맨도 된다.

이 힘은 내가 포기하지 않도록 용기를 돋운다. 이번이 아니라면 다음 기회를 노려야 한다. 한번 실패할 수는 있지만, 실패에 눌려 일어서지 못하면 패배자로 남는다. 열심히 준비하다가 기회가 얼쩡 대면 단숨에 붙잡아야 한다. 그래서 성취를 내 것으로 만들어야 한다. 작은 성취들을 내 발 아래 소유하는 기분. 보물을 찾아내는 감각. 캠벨의 책을 읽을 때마다 나는 영웅의 여정을 따라 영웅 연습을 해 본다.

또한 마음에 드는 구절에 줄을 긋고 생각난 것을 적어두는 일을 여러 번 반복하자 재미있는 일이 일어났다. 최근에 『신화의 힘』을 다시 읽으면서 이전에 줄 친 부분과 코멘트를 다시 발견하는 재미가 그것이다. 시계를 거꾸로

돌려서 예전의 나를 다시 만난 것 같은 기분이 들었다. 스물네 살의 나와 서른한 살의 내가 서로 다른 경험과 기대를 가지고 한 권의 책을 같이 읽어 나간다. 그때는 그다지 눈에 띄지 않던 구절이 마구 마음을 찔러 들어온다. 시간이 흐르면서 자신에 대한 인식의 전환이 있었음을 눈으로 확인해 본다. 이만큼 걸어왔구나, 이만큼 자랐구나. 변한 것도 많고, 그대로인 것도 있구나.

 같은 이유로 가끔 아빠의 책을 빌려 읽으면 아빠와 함께 읽어 가는 기분이 든다. 아빠가 노련하고 신중하게 고른 문장에 줄이 그어져 있기 때문에 나는 그것들을 참고로 다른 문장도 심사숙고하여 다시 고른다. 또 재미있는 것들도 찾아낸다.

 고운기 교수의 『우리가 정말 알아야 할 삼국유사』를 읽을 때는 관음보살 이야기가 나왔는데, 아빠는 한 쪽에 방긋 웃고 있는 작은 관음보살을 그렸다. 오래 간직할 수 있는 책은 이런 점이 마음에 든다. 그동안 재미있게 읽었던 책을 친구에게 마구 빌려 주었다가 받지 못하게 된 것이 아쉬웠다. 다시 읽는다면 또 재미있는 성장을 발견할 수 있었을 텐데 아쉽다.

나는 학창 시절 내내 평범한 능력치를 가지고 살아왔다. 수학과 과학을 빼고는 어떤 과목이든 적당히 재미있었다. 다만 남의 것을 배우기만 하는 것은 지루했다. 오히려 배운 것을 가지고 뭔가 만드는 것이 더 재미있게 느껴졌다.

그러다 어렴풋이 '그래, 글쓰기를 해 보면 재미있겠다'는 생각을 했다. 의외로 나는 내향적이라 다른 사람들에게 재미있게 말하는 재주가 별로다. 대신 혼자서 글을 쓰는 것은 재미도 있고, 쓸 때까지 시간도 무제한으로 주어지며, 이리저리 머리를 굴려 글을 완성시켰을 때의 성취감이 컸다.

그래서 아주 멋진 책을 만나면 훅 빠져들었다. 책을 다 읽고 나서도 장면 장면이 머릿속에 아른거렸다. 그 작가들처럼 되면 좋겠다고 생각했다.

지금의 나는 그런 생각은 하지 않는다. 오히려 내가 어떻게 더 나아질 것인가가 더 재미있는 일인 것 같다.

특히 내 책은 최소한 내게는 아주 큰 위안이 되어주었다. 나는 나의 가장 열렬한 첫 번째 독자이다. 대단한 작가들은 더욱 독자들이 읽고 감동할 수 있는 글을 써 주었으면 좋겠다. 그 감동이 선동의 북소리를 울려 생각을 바꾸고, 행동을 바꾸고, 이윽고 삶을 바꿀 수 있는 책이 많이 나왔으면 좋겠다.

나는 그것을 읽은 후, 착실하게 내 것으로 만들고, 나의 삶 속에서 찾아낸 것들을 연결해서, 더 즐거운 나를 만들어간 이야기를 글로 쓰고 싶다. 나 자신과 내가 좋아하는 사람들의 이야기를 쓰고 싶다. 지금의 나는 그것으로 충분히 글과 나 사이의 관계를 채워 나갈 수 있다는 것을 안다. 다른 누구의 눈치도 보지 않고, 더 잘 쓰는 사람과 비교도 하지 않으며, 그냥 그 글을 읽을 때 내가 행복해지는 글을 쓰기 바란다. 내가 그동안 살면서 모았던 성장들로 페이지를 가득 채우고 싶다. 이런 감각은 집중해서 보지 않으면 사라지기 때문에 잊어버리지 않도록 잘 다독이고 자극해야 한다.

하루 종일 좋아하는 것을 하면서 살고 싶건만, 안타깝게도 일하느라 늘 독서와 글쓰기는 뒷전이었다. 그나마 요즘은 퇴근 후 좀 쉬고 싶더라도 책을 읽거나 글을 쓴다. 출퇴근 지하철에서도 스마트폰으로 글을 끄적거린다. 예전의 나와 좀 달라진 점이다.

아빠는 새벽 4시에 일어나 글을 썼다. 원래 야행성인 나는 일찍 일어나는 것을 정말 잘 못 한다. 출근도 겨우 하고 있는데 두 시간이나 일찍 일어나는 것은 도저히 할 수 없는 것 중 하나다.

나는 아빠를 상당히 좋아하고, 존경하고, 그래서 닮고 싶다고 생각했다. 그것은 아빠를 다시는 볼 수 없기 때문에 더 그렇게 생각하는 것 같다. 아빠가 안 계시자 그렇게 자기가 하고 싶은 일을 하며 시간을 사용할 수 있는 사람이 드문 걸 알았다. 내 삶과 '좋아하는 일을 하며 사는 삶' 사이의 접점이 사라진 것 같은 기분이 들었다. 그래서 나라도 이렇게 애써서 다시 둘 사이를 이어 붙여 보려고 노력하는 것 같다. 내가 해 본 것 중에 제일 괜찮은 시도이다.

책의 전반에 걸쳐 캠벨은 자신에게 살아 있음을 느끼게 해 주는 희열을 천복Bliss이라고 부른다. 그는 '네 천복을 쫓아가라Follow your bliss'는 메시지를 전달한다. '내가 좋아하는 일을 매일 조금씩이라도 행동으로 옮기자', 이것이 나의 구호가 되었다. 우리는 각자의 영웅을 마음속에 품고 살고 있고, 하루하루 보내는 다양한 삶의 조각들이 그 영웅을 건드린다.

나는 과거의 내가 애써 가꾼 시간들을 바탕으로 서 있다. 또 오늘의 내가 내일의 나를 지탱하게 될 것이다. 열심히 오늘을 산 덕분에 그 내일에는 더욱 깊은 사람이 되었으면 좋겠다.

# 저자 6. 빅터 프랭클

예전에 사원 말년 차에 승진이 한 번 누락된 일이 있었다. 물론 동기들보다 입사가 반 년 늦었고, 업무가 여러 번 바뀌어서 겨우 적응하던 상태였긴 하다. 그래도 함께 생활하는 동기들은 대리가 되었는데, 나만 뒤처지는 것 같아서 기분이 착잡했다.

또한 '승진 누락'을 전달받았을 때, '버려졌다'는 감정이 먼저 튀쳐나왔다. '함께 일하는 사람들로부터 전혀 동료로 인정받지 못하는 게 아니냐'는 생각이 나를 몹시 괴롭혔다. 팀원과 동기들이 내 눈치를 보며 승진 이야기를 거의 하지 않는 게 오히려 더 신경 쓰였다.

가혹한 연말이었다. 직장인 드라마에서나 보던 일이 실제로 일어난 현실이 차갑게 다가왔다. 회사 생활 3년 반 동안 회사, 일, 동료들과의 관계가 무엇을 의미하는지 있는 그대로의 크기로 이해되었다.

아빠에게 이 이야기를 했더라면, 아마 빅터 프랭클의 이름을 말씀해 주셨을 것이다. '어떤 상황에서도 자신이 어떻게 행동할 것인지 선택할 수 있다. 당장은 좀 마음이 좋지 않겠지만, 앞으로 어떻게 할 것이냐? 주변 사람들이 그대로 너를 신경쓰도록 내버려 둘 것이냐? 네 일이 너를 장악하고 괴롭히도록 그냥 둘 것이냐? 기회를 잡는 데 소극적일 것이냐?' 나는 그 질문들에 대답해야 했다. 내가 방향을 정한다고 당장 무엇이 대단하게 바뀌지는 않겠지만, 그래도 이 교훈을 그냥 지나칠 수는 없었다.

나는 진급한 친구들에게 먼저 축하를 보내고, 바뀐 호칭에 빨리 적응하려고 노력했다. 업무에서도 좀 더 적극적으로 참여하는 부분을 넓혔다. 그렇게 열심히 한 해를 보내고 다음 연말에 다행히 무사히 '대리'가 되었다.

이제 7년차로 그 시간이 다 지나간 입장에서는 대리 진급 누락이 그다지 대단한 문제는 아니었다고 생각한다. 진급이 되려면 경쟁자보다 중요한 프로젝트를 해내는 것이 유리하다. 그러나 조직체계의 관점에서 일을 분장하다

보면 팀이나 개인이 일을 스스로 선택하기는 어렵다. 또 조직과 개인에 따라 여러 변수가 있다. 심지어 그 후 몇 년 뒤에는 사내 직급 평준화에 따라 대리, 과장이 하나로 통폐합되어 아무 의미 없이 묻히게 되었다. 그래도 뭔가 내가 있는 현실, 상황을 좀 더 객관적으로 보고, 더 나아질 수 있는 방향에 대해 절실하게 생각해 본 포인트가 되었던 것 같다.

빅터 프랭클은 빈의 심리학자였다. 그는 2차 세계대전 때 유대인이라는 이유로 아우슈비츠에 수감되었다. 그때 그의 나이 서른아홉이었다. 교도관들은 덜컹거리는 기차에 실려 온 사람들을 줄 세운 뒤, 수감자들을 둘로 나누었다. 한쪽은 가축우리 같은 건물이었고, 반대쪽은 목욕탕이라고 쓰여 있는 가스실이었다.

그는 첫 번째 생사의 기로에서는 살아남았다. 그러나 그 직후 스스로 '정신적 자식'이라고 여겼던 소중한 원고를 빼앗기고, 소지품을 압수당하고 몸에 난 털이란 털은 모두 깎였다. 지금까지의 삶은 철저히 박탈당했다. 그저 알몸뚱이만 남았다. 그는 절망했다. 이제 그에게는 아무런 희망도, 해야 할 일도, 생각할 것도 없었다. 가족들은 다른 수용소에 흩어져 있어 찾을 수 없었다. 그저 무사하기를, 그리하여 언젠가 다시 만나기만을 바랄 수밖에 없었다. 전쟁이 언제 끝날지 알 수 없었다. 그때까지 살아남을 수 있을지는 더더욱 불명확했다. 그의 앞날은 오직 죽음뿐이었다.

아우슈비츠역에 도착하자마자 가스실로 갔던 사람들의 옷가지를 남은 사람들이 물려받았다. 빅터 프랭클은 받은 외투의 주머니에서 히브리어 기도책에서 찢어 낸 종이 한 장을 발견했다. 중요한 유대교 기도문인 '셰마 이스라엘'이었다. 『할아버지의 기도』에서 유대교 랍비인 외할아버지가 손녀에게 가르쳐 준 바로 그 기도였다. 직역하면, '들어라, 이스라엘이여. 너희 주 하느님께서는 유일하신 분이다. 마음을 다하고, 성품을 다하고, 힘을 다하여 네 하느님을 사랑하라'인데, 위험이 닥쳤거나 죽음의 순간에 하는 말이라고 한다. 이 기도문 조각이 유대교 문화에서 살아온 빅터 프랭클에게 아주 커다란 '우연의 일치'를 안겨 주었을 것이다.

그는 그 순간 어떤 고난이 닥쳐도 '살아라'는 계시로 여겨졌다고 회고한다. 그는 절망 속에서도 살아남아야 하는 이유를 찾으려고 노력했다. 그러다 심리학자인 자신에게, 전시 아우슈비츠라는 아주 특수한 상황에서 사람들의 심리를 관찰해 볼 기회가 주어졌다는 것을 깨달았다. 어렵긴 하겠지만, 그 임상 실험을 통해 그의 책과 이론이 더 단단해지고 나아질 것이 분명했다. 또한 그는 이 작업이 인간의 심리를 직시하게 도와주고 그 교훈과 관찰기가 다른 사람에게 알려줄 만큼 가치가 있을 거라고 확신했다.

그는 책을 쓰기 시작했다. 책의 구성을 잡고, 각각의 구성을 채워 줄 사례와 이론을 수집했다. 그는 기도문 귀퉁이에, 또 누군가 구해다 준 종이에 몽당연필로 원고를 써 나갔다.

삶과 죽음의 경계에서 빅터 프랭클은 3년을 버텼고 마침내 살아남았다. 당시 수용소에서 살아남는 사람의 비율은 백 명 중 다섯 명도 안 되었다. 그는 '삶의 의미'가 무엇인지 알고 있는 사람이 더 오래 버틸 수 있었다고 이야기한다. 빅터 프랭클의 삶의 의미는 '글쓰기'였다. 그는 어려운 상황에 맞닥뜨릴 때마다 '로고테라피'라는 자신의 이론에 관한 원고를 다시 완성하고, 수용소에서 겪었던 경험을 세상과 공유해야 한다는 자신에게 주어진 소명을 생각했다. 자신의 모든 것이라고 생각했던 원고를 빼앗긴 큰 시련이 반대로 그를 살려준 것이다.

고난은 피하고 싶은 것이다. 피한다고 피해지는 거라면 좋을 것이다. 그러면 어려움이 아예 끼어들지 못하도록 완벽하고 훌륭한 계획을 세워 자신을 지키면 된다.

누구나 살면서 눈앞을 높게 막아서는 꿈쩍도 하지 않는 벽을 만나게 마련이다. 특히 시련은 내가 미래에 대해 가장 낙관적으로 생각하는 시기에, 가장 두려워하는 방식으로 찾아오는 경향이 있다. 내가 어디에 있든 불행은 힘들이지 않고 나타나 몹시 괴롭히고 애를 먹인다.

그러나 동시에 어려움을 통해 인간은 스스로를 발견하

고, 더 나아지기도 한다. 오직 고난만이 나다운 삶으로 나를 이끈다. 성공과 승리는 결코 해낼 수 없는, 고난의 역할이 바로 이것이다.

자신의 길을 찾아가는 여정은 주로 깊은 숲에서 이루어진다. 그곳에는 아무 길도 없고 그저 어둠뿐이다. 아무도 없는 내면의 어둠 안에 가만히 머물렀을 때야 비로소 우리는 자신의 소명을 발견하게 된다. 그리고 그제야 비로소 한 발 내디딜 수 있다.

고난은 나쁘기만 한 것은 아니다. 그것은 우리에게 '살아라'라고, '발견하라'고 말한다. 자신의 삶으로 스스로를 증명해 내길 요구한다. 실패할 수도 있지만 패배하지 않을 수 있다. 우리는 어떤 상황에서도 스스로 어떻게 행동할지 선택할 수 있다.

나의 시대, 내가 살고 있는 나라는 다행히 전쟁 중이지도 않고, 가난하지도 않다. 우리는 압도적 풍요로움으로 인한 나른함과 무의미함이 뒤섞여 있는 현대에 살고 있다. 아무것도 하지 않아도 즐겁게 지낼 수 있는 세상이다.

그렇게 편안함만을 추구하려 할 때 나는 수용소에서조차 자신이 살아가는 이유를 발견하려 안간힘을 썼던 한 사람을 기억한다. 누군가 나에게서 직장과, 가족과, 재산을 모두 박탈해 가 버리고, 아무것도 못하게 한다면 나는 무엇을 마음에 품고 살 것인가. 어떻게 심장이 뛰는 삶을 살 것인가. 나는 무엇을 하며 삶을 보낼 것인가.

혹시 정말 불행한 일이 닥치더라도, 내게는 무적의 주문이 있다. 어떤 일이 닥치더라도, 내가 어떻게 행동할 것인지는 내 의지에 달려 있다. 내게는 여전히 도전할 일이 남아 있고, 무엇보다 삶이 남아 있다. 할 수 있는 일이 이미 모두 파헤쳐진 것처럼 보이지만 나만이 할 수 있는 일은 분명히 있다. 그것을 찾아 내자. 내가 좋아하는 일을 하자. 그게 나의 즐거움이 되게 하자.

# 저자 7. 니코스 카잔차키스

주중에는 회사에서 시달리고, 주말이 되면 일에 사로잡혀 있던 자신에게 보상하듯이 뇌를 쉬게 하는 일 이외에는 아무것도 하고 싶지 않다. 잠을 자거나, TV를 몰아 보거나, 게임을 할 뿐이다. 뭔가 평소에 안 하던 생산적인 일을 하려면 머리가 아파 온다. 그렇게 자의 반 타의 반으로 다른 사람이 시키는 대로 일주일의 시간표를 짜왔다. 그 결과는 새로움 없이 한 해를 보낼 뿐이었다. 그런 생활 또한 그 나름의 행복이 있었으나, 그것만으로는 채워지지 않는 공허함이 더 컸다. 아무런 감흥 없는 시간은 '살아 있음'을 전혀 느끼게 해 주지 못했다.

> "나는 아무것도 바라지 않는다. 나는 아무것도 두려워하지 않는다. 나는 자유다."
>
> -니코스 카잔차키스의 묘비명

카잔차키스가 태어날 때 그를 받은 산파는 '이 아기는 주교님이 될 겁니다. 내 말을 잊지 말아요'라고 했다. 먼 훗날 그 아기는 그리스 정교로부터 파문을 선고받는다. 그는 영웅이 되기에는 너무 나약했고, 성자가 되기에는 너무 세속적이었다. 그래서 그는 작가가 되었다.

어렸을 적의 카잔차키스는 작가가 되기에 충분한 자질을 가지고 있었다. 그는 책에서 읽은 위대한 성인들의 이야기를 머릿속에서 재창조해 이웃들에게 실감 나게 이야기하곤 했다. 바느질을 하던 어머니가 그 이야기를 듣고 눈물을 훔쳤다. 그는 똑같은 것을 두 번 본 적이 없었는데, 그 이유는 매번 새로운 양상을 부여해서 알아볼 수가 없었기 때문이었다. 이야기꾼의 자질을 타고난 것이다.

그러던 어느 날 어린 카잔차키스에게 충격적인 사건이 일어난다. 당시 크레타섬은 터키에 종속되어 있었고 그의 할아버지와 아버지는 크레타의 독립을 위해 싸웠다. 그러던 어느 날 카잔차키스가 살던 마을 근처에서 터키인 고관이 살해당하는 일이 발생했다. 그날 밤 터번을 쓴 터키인들의 보복이 시작될 참이었다. 사람들은 황급히 뛰어다녔고, 문들이 요란하게 닫혔으며, 어머니들은 아이들을 집으로 불러들였다. 카잔차키스의 아버지는 손잡이가 기다란 칼을 숫돌에 갈았다. 그는 터키인들이 문을 부수고 들어오면, 그들의 손에 당하기 전에 직접 식구들을 죽일 생각이었다.

무거운 공기가 도시 전체를 짓누르고 있는 그날 밤, 카잔차키스 가족은 살아남았으나 학살을 피할 수는 없었다. 그의 아버지는 아홉 살이던 카잔차키스를 데리고 마을 중앙 광장으로 갔다. 중간의 대추야자나무에 목이 매달린 그리스인들이 흔들거리고 있었다. 어린 카잔차키스는 물었다. "아버지, 누가 이분들을 죽였나요?" 아버지는 짤막하게 대답했다. "자유." 아버지는 성호를 여러 번 긋고 아들에게 그들의 발을 만져 보게 했다. 어린 나이에 그는 자유의 소중함을 깨달았다.

이후 그는 자신의 자유를 확장하기 위해 각지를 여행하며 공부했다. 그는 그리스를 돌아다니며, 영원한 그리스의 신화를 이어받을 후손으로서의 의무를 상기한다.

그 후 청년 카잔차키스는 파리에서 니체를 만난다. 특히 니체의 초인처럼, 강자가 정한 선함과 악함이 아니라 스스로 선과 악을 구별하고 자기의 선을 따르는 사람의 개념에 깊게 심취했다. 결국 카잔차키스는 『최후의 유혹』이라는 저서에서 기독교에서 내세우는 하느님의 선까지도 강요된 기준이라고 주장하다가 파문당하고 만다. 그는 조르바처럼 원시와 문명, 선과 악 사이에서 균형을 잃지 않는 자기만의 기준을 세우려 했던 사람으로 남는다. 진정한 의미의 자유인이다.

카잔차키스는 추상적 개념이 자신에게 이르려면 따뜻한 육체가 되어야 한다고 생각했다. 냄새 맡고, 보고, 만져야만 이해할 수 있다고 했다. 그는 성 프란체스코를 사랑했다. 니체와 호메로스도 사랑했다. 그는 그들을 빚어내었다. 꿈을 이루는 공기와 상상력으로, 신이 흙으로 인간을 빚는 것처럼, 어휘를 사용해 영적인 인간을 빚어내었다. 그래서 그의 성 프란체스코는 감히 평범한 인간이 범

접할 수 없는 사건을 만들면서도 대단히 인간적이다. 성인의 일생인데도 그 육체와 영혼은 자유를 기반으로 한다.

기록으로 전해지지 않은 위인의 삶의 거의 대부분이 빈 칸인데, 카잔차키스는 그 여백을 깊고 이중적 가치들로 채운다. 그것은 어떤 성스러운 구원보다 더 울림이 크다. 신이 인간을 구원하는 것이 아니라 인간이 신을 구원하는 듯하다. 또한 카잔차키스 본인밖에 해내지 못한 작업이기도 하다. 그의 책에는 언제나 신선한 자극과 영감이 있다. 그의 글은 지금도 살아 펄떡거린다.


'아침에 일어나서 오늘 무슨 일을 할지 스스로 정할 수 있으면 좋겠다'고 아빠는 생각하셨다. 그래서 모두가 잠들어 있는 새벽에 일어나 글을 쓰셨다. 그 시간만은 온전히 자신의 것이었다. 새벽 글쓰기는 단 두 시간이었지만 하루 전체를 바꾸었다. 균형이 잡히고, 몸과 마음이 조화롭게 자리 잡았다. 아빠는 두 시간 글쓰기에 혼신의 힘을 쏟아부었고 글을 쓰며 살아 있음을 느끼셨다고 고백했다.

그렇게 나온 첫 책은 아빠의 인생을 뒤바꿨다. 아빠는 마흔세 살에 첫 책을 출간하셨다. 첫 책 『익숙한 것과의 결별』의 도입부에는 불타는 갑판 위에 서 있는 한 남자의 이야기가 나온다. 당시 아빠는 1998년 대한민국을 짓누르고 있던 경제위기를 상징적으로 표현한 것이었지만, 지금 생각해 보면 그것은 또한 개인의 위기를 상징하기도 했다.

우리는 결국 오디세우스와 조르바의 후손이다. 그러니 언제가 되었든 치솟아 오르는 불길을 한 번 흘끗 돌아보고 이 벼랑 끝에서 뛰어내릴 준비를 해야 할 것이다. 물리적 해방보다 중요한 것은 정신의 자유다. 그 시작은 아주 사소한 것이더라도, 그 시도가 현실에 막히더라도 끈질기게 다시 덤벼드는 것이 필요하다.

만약 자신이 해 보고 싶은 것이 책을 내는 거라면 출근길 지하철에서 유튜브 대신 메모장을 열어 보자. 그 작은 시도가 몇 주가 흐르고 몇 달이 지나면 꽤 뿌듯한 보람을 가져다준다. 분명한 죽음에서 살 수도 있는 곳으로의 뛰어내림, 세상의 끝이라고 생각했던 낭떠러지 까보 다 로까를 뛰어내려야 신대륙을 향해 갈 수 있다.

아빠의 글을 읽으면 심장에 불이 붙는 것 같다. 북소리처럼 두근거리는 심장 소리가 들린다. 온전한 자유를 향해 조금 더 힘을 내고 싶다. 하루 스물네 시간 속에 내가 좋아하는 일들을 어떻게든 좀 더 끼워 넣고 싶다. 그것이 '살아있음' 그 자체에 한 걸음 다가가는 길일 것이다.

## 저자 8. 피터 드러커

몇 년 전 세상을 뜨겁게 달군 영화가 있다. 〈매드 맥스: 분노의 도로〉다. 영화는 관객에게 어떤 의미로든 잊지 못할 장면을 끊임없이 들이밀었다. 그 세계는 메마르고 거칠고 광기가 흘러넘쳤다. 등장인물들은 서로 스파크가 튀듯이 날것의 살의와 동정, 동료애를 주고받았다.

영화가 끝날 때까지 숨죽이고 스크린을 바라보았다.

모래 위에 세워진 허구의 이야기임에도 그 사막과 늪, 낮과 밤을 아직도 생생히 그려 볼 수 있다. 깊은 인상을 받고 영화 정보를 찾아보다가 더 놀랐다. 영화가 개봉한 2015년에 감독 조지 밀러는 일흔 살이었다.

열정적인 할아버지, 할머니들을 보면 오페라를 보고 있는 한 청년이 떠오른다. 함부르크의 아름다운 오페라 극장 앞에서, 공연 시작 직전까지 남은 값싼 표를 얻은 청년이 표에 적힌 구석 자리로 향한다. 홀의 조명이 꺼지고 무대에서 베르디의 〈팔스타프(Falstaff)〉가 울려 퍼진다. 오페라가 몹시 마음에 들었던 청년은 집에 돌아와 자료를 찾아본다. 그는 매우 놀랐다. 그토록 유쾌하고 인생에 대한 열정으로 가득 찬, 활기 넘치는 오페라의 작곡가가 80세 노인이었기 때문이다.

베르디는 이렇게 말했다. "음악가로서 나는 일생 동안 완벽을 추구해 왔다. 완벽하게 작곡하려고 애썼지만 작품이 완성될 때마다 늘 아쉬움이 남았다. 그래서 나에게는 분명 한 번 더 도전해 볼 의무가 있다고 생각한다." 그 말이 청년의 인생을 바꿔 놓았다. 그가 피터 드러커였다.

피터 드러커는 지식 근로자로서 프로라면 어떻게 일해야 하는지에 대해 아주 체계적으로 정리한 최초의 사람이다. 소위 말하는 자기계발 서적의 시초라고 할 수 있다. 기업 차원에서 생산성과 성과를 높이기 위한 많은 연구들을 개인 차원으로 처음 접목한 사람이다.

그 자신도 매우 열정적인 삶을 살았다. 그의 자서전을 보면 젊었을 때는 좀 독특한 사람이었지만 그래도 대체적으로 평범했던 것처럼 보인다. 그러나 베르디의 '완벽에의 도전'이라는 표현을 만난 이후 그는 더욱 이상적인 '프로'에 도달하도록 자신을 끊임없이 단련했다. 그 매일의 치열함이 사후에도 많은 사람이 그의 책을 찾는 이유일 것이다.

이상과 현실은 늘 마음속에 함께 있지만 보통은 사이가 그렇게 좋지 않다. 특히 이상이라는 놈은 현실을 초라하게 만든다. 일에 있어서는 더 그렇다. 누군가가 '저는 일할 때 완벽함을 추구합니다.'라고 말한다면 '저 친구 그런 것치고는 별것 없네.'라고 평가받기 십상이다.

현실이란, 이상을 실현하는 무대가 아니라 그럭저럭 타협하고 살아가야 함을 늘 확인하곤 했다. 어느 목적에 모든 것을 걸고 몰입하는 이상적인 나를 떠올려 보지만, 매 순간 그렇게 살기에는 하루에 해야 할 일이 너무 많고 자잘하며, 주어진 시간은 너무도 짧다.

그래도 희망이 있다. 피터 드러커가 지식 근로자라면, 프로라면 이렇게 해야 한다고 널리 알린 『프로페셔널의 조건』을 보면 그렇다. 책을 읽을 때마다 지금의 내가 전혀 잘하고 있다고 생각되지 않는 회초리 같은 책이지만, 또 건조한 친절함과 함께 어디를 개선할 수 있는지, 어떻게 바뀔 수 있는지에 대한 이야기도 함께 하고 있다. 이런 점에서 이 책은 몇 번이나 반복해서 읽을 가치가 있다. 실제로 자신이 받는 기대와 성과를 어떻게 연결시킬 수 있을까에 대한 가장 현실감 있는 조언을 듣고 싶다면 책을 읽는 것이 가장 동기부여가 된다.

특히 직무가 완전히 바뀌었을 때 읽어 보면 상당히 깨

닫는 바가 많다. 모두 실현할 수는 없겠지만 그래도 지금보다는 조금이라도 더 일을 장악해 보려는 시도로 적절하다. 말하자면 '일'이라는 게임의 공략집 같은 것이다. 적힌 내용대로 똑같이 할 수는 없지만 이전보다 향상된 능력으로 게임을 공략해 나갈 수는 있다. 원래 게임을 많이 하는 사람에게 공략집은 선택이겠지만, 초보자에게 공략집은, 엔딩을 보기 위해 싫어도 집어 들 수밖에 없는 것 같다.

하물며 '일'이란 우리 삶의 많은 부분을 차지하는 큰 덩어리이다. 많은 사람이 직장에 다니는 것을 달가워하지 않지만, 일에서 생각보다 많은 보상을 얻는다. 월급이나 성과는 말할 것도 없고, 소속 욕구와 인정 욕구의 만족, 성취감, 친구, 논리력이나 전략을 연습해 볼 수 있는 기회, 해당 분야에 대한 지식, 외국어, 커뮤니케이션 스킬 등등 상당히 많다. 그래서 직장에 대한 불만을 토로하면서도 직장을 그만 두지 못 하고 계속 다니는 경우가 꽤 많은 것 같다.

아빠는 변화경영연구소에 찾아오는 사람을 '창조적 부적응자'라고 부르셨다. 그저 타협하고 살기에는 지금의 자신이 만족스럽지 않은 사람만이, 그리고 이제는 정말 바뀌어야겠다는 절실함을 느낀 사람만이 연구소 문을 두드렸기 때문이다. 우리는 모두 그 말을 좋아한다.

'지금의 현실보다 좀 더 내가 좋아하는 부분이 많이 들어간 현실을 다시 만들어 보자. 좋다. 아주 이상적인 모습까지는 단번에 도달하기 어렵다고 해도, 단 몇 분이라도, 단 몇 시간 만이라도 내가 바라는 나의 모습으로 살아 보자. 그리고 이 경험을 점점 더 확장시키고, 이윽고 삶 전체를 나의 색깔로 바꿔 보자. 어제보다 나은 내가 되자. 자신을 활짝 꽃피우자.'는 것이 우리의 바람이다. 현실과 이상 사이에 건실한 다리를 놓아 두 가지가 함께 나의 삶을 이끌어 가게 하자. 그래서 일흔 살, 여든 살이 될 때까지 즐겁게 일하며 살 수 있는 사람이 되자.